Que faire?

Je fais plein d'erreurs quand j'utilise un dictionnaire.

Le futur simple, qui a dit que c'était simple?

J'ai oublié plein de mots que j'ai déjà appris.

Je dois faire une présentation orale devant la classe.

Je dois lire et interpréter un poème.

Je ne comprends pas bien quand j'écoute des gens parler sur une cassette.

Les membres de mon groupe ne travaillent pas bien ensemble.

Pas de problème!

avec **BRIO** est là pour t'aider!

avec **BRIO** est une expression qui veut dire *avec excellence, avec adresse*.

avec **BRIO** est un guide qui a été conçu pour t'aider à mieux parler, écrire, comprendre et apprendre le français. Nous t'invitons à te familiariser avec ce guide et à le garder toujours sous la main.

Pour utiliser avec BRIO...

Il y a trois sections dans ton guide.

Stratégies	Culture	Langue
Stratégies...	I - Le monde	I - Vocabulaire utile
I - de communication	francophone	II - Expressions utiles
orale	II - Quelques différences	III - Verbes
II - d'écriture	culturelles	IV - Éléments
III - de lecture		grammaticaux
IV - d'écoute		
V - d'apprentissage		

Tu trouveras aussi...

une table des ··········
matières pour
te familiariser
avec toutes les
informations
pratiques de
ton guide.

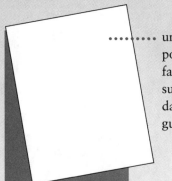 ·········· un index
pour trouver
facilement les
sujets traités
dans ton
guide.

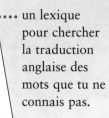 ········· un lexique
pour chercher
la traduction
anglaise des
mots que tu ne
connais pas.

Consulte les quelques
pages qui suivent
pour en savoir plus
sur chaque section.

Plein de trucs pour mieux communiquer...

Stratégies

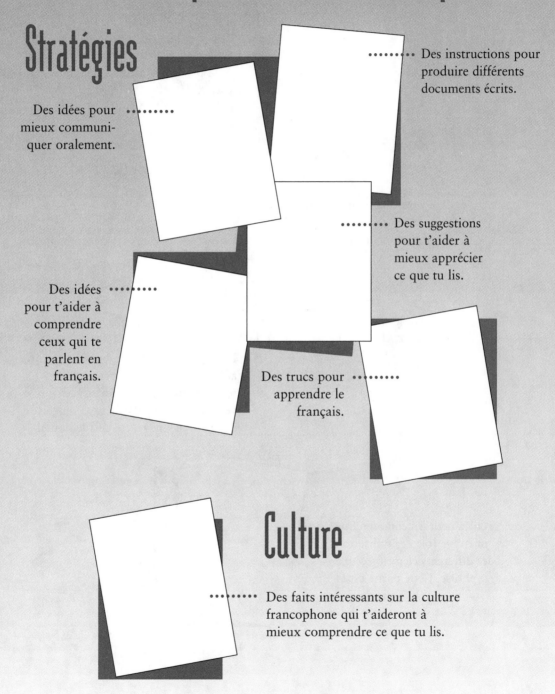

Des idées pour mieux communiquer oralement.

Des instructions pour produire différents documents écrits.

Des suggestions pour t'aider à mieux apprécier ce que tu lis.

Des idées pour t'aider à comprendre ceux qui te parlent en français.

Des trucs pour apprendre le français.

Culture

Des faits intéressants sur la culture francophone qui t'aideront à mieux comprendre ce que tu lis.

Langue

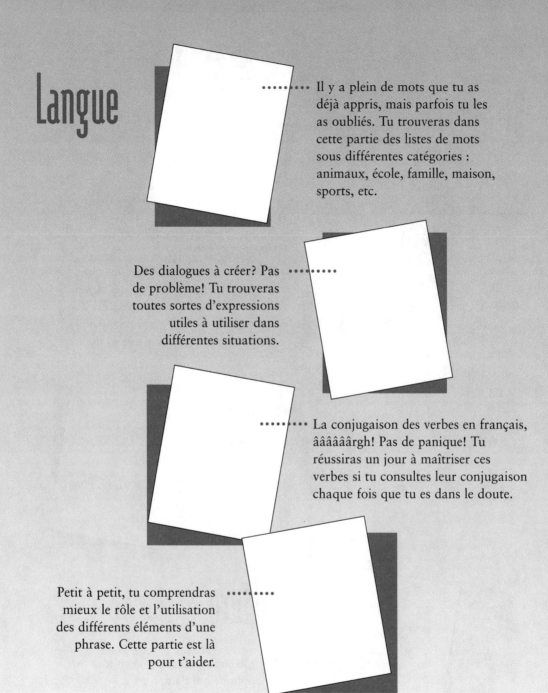

Il y a plein de mots que tu as déjà appris, mais parfois tu les as oubliés. Tu trouveras dans cette partie des listes de mots sous différentes catégories : animaux, école, famille, maison, sports, etc.

Des dialogues à créer? Pas de problème! Tu trouveras toutes sortes d'expressions utiles à utiliser dans différentes situations.

La conjugaison des verbes en français, âââââârgh! Pas de panique! Tu réussiras un jour à maîtriser ces verbes si tu consultes leur conjugaison chaque fois que tu es dans le doute.

Petit à petit, tu comprendras mieux le rôle et l'utilisation des différents éléments d'une phrase. Cette partie est là pour t'aider.

Table des matières

Stratégies

III Stratégies de lecture 49

IV Stratégies d'écoute 57

V Stratégies d'apprentissage 64

Culture

Langue

II Expressions utiles 116

Stratégies

Stratégies

Stratégies

I - Stratégies de communication orale

 Pour parler une langue seconde

 Ne sois pas gêné/e! N'aie pas peur de faire des erreurs!

C'est en faisant des erreurs qu'on apprend. Ne te prends pas trop au sérieux! Ris de tes erreurs!

 Prends des risques!

Essaie d'exprimer toutes tes idées même si c'est difficile et qu'il te manque des mots. Ne te limite pas à ce que tu peux dire sans erreur.

Exprime-toi simplement!

Si tu essaies de t'exprimer d'une façon aussi sophistiquée en français que dans ta langue maternelle, tu deviendras vite frustré/e parce que tu ne pourras pas dire ce que tu veux dire.

Si tu ne sais pas comment dire :	Dis :
Could you tell me where the washroom is? (Pourriez-vous m'indiquer où sont les toilettes?)	Les toilettes, s'il vous plaît?
I really appreciate your coming here tonight. (J'apprécie énormément que vous soyez venus ce soir.)	Merci beaucoup d'être ici ce soir.
It's raining cats and dogs. (Il pleut à seaux.)	Il pleut beaucoup.

N'essaie pas de traduire!

Pour devenir traducteur ou traductrice, on a besoin de plusieurs années d'université. N'essaie pas de le devenir maintenant!

Pense aux mots que tu connais et utilise-les pour produire le message désiré. Par exemple, si tu veux dire *This is ugly* et tu ne connais pas l'équivalent français de l'adjectif *ugly*, mais tu connais son contraire, *beau*, dis *Ce n'est pas beau*.

Pratique la langue avec des personnes de ton niveau!

Il est bien moins intimidant de pratiquer la langue avec des personnes de son niveau. En classe, c'est pour cette raison qu'on te fait travailler avec un ou une partenaire ou en petit groupe. Profites-en et participe au maximum au travail et aux discussions de ton groupe.

Utilise des gestes, des expressions faciales!

Tu n'as pas besoin de mots pour montrer que tu es surpris/e ou que tu n'aimes pas quelque chose. Si tu ne peux pas trouver les bons mots, fais des gestes ou laisse parler ton visage.

Paraphrase!

Paraphraser signifie dire ou expliquer un mot ou une expression avec d'autres mots. Par exemple, si tu ne connais pas l'équivalent français de *computer*, tu peux dire : «J'ai une machine… je ne connais pas le mot exact…tu sais, cette machine avec laquelle on peut écrire, comme un Macintosh ou un IBM.»

Consulte **Pour améliorer son français en dehors de la salle de classe** (page 70).

2 Pour faire un remue-méninges

Un remue-méninges est une stratégie très souvent utilisée pour trouver une solution à un problème ou pour trouver toutes sortes de réponses possibles à une question.

Pour faire un remue-méninges, on se met en groupe et on partage ses idées en suivant les règles suivantes :

- Tout le monde doit participer.
- On exprime toutes les idées qui nous passent par la tête. On ne s'arrête pas pour juger si elles sont bonnes, mauvaises, bizarres ou idiotes.

- Toutes les idées sont acceptées. On ne doit jamais faire des commentaires sur les idées des autres (encore moins en rire).

- On doit prendre note de toutes les idées, sans exception.
- Après que toutes les idées ont été exprimées, on les analyse et on retient celles qui ont le plus de mérite.

3 Pour monter une pièce de théâtre

Première étape : le choix de la pièce ou de l'extrait

Deuxième étape : la répartition des rôles et du travail de chacun

1. Ton groupe de théâtre devrait inclure :

- un metteur en scène ou une metteuse en scène (qui sera le ou la chef du groupe et s'occupera de la bonne marche des préparatifs et dirigera les répétitions).

- un ou une responsable des décors et de l'éclairage (s'il y en a). Les acteurs peuvent aussi partager cette tâche.

- une personne par rôle (dans certains cas, une personne peut jouer plus d'un rôle).

2. Les membres du groupe choisissent les rôles qui leur conviennent le mieux.

3. On décide des accessoires qui seront nécessaires à la présentation de la pièce. Quand un accessoire est impossible à trouver, on le remplace par autre chose.

4. On décide des costumes dont les acteurs auront besoin.

5. On fixe une date pour les répétitions.

Troisième étape : la mémorisation du texte

Les acteurs doivent mémoriser leur texte avant la première répétition.

La meilleure façon de mémoriser un texte est de le découper en petites parties. Lis quelques phrases plusieurs fois, puis essaie de les réciter sans regarder le texte. Demande à quelqu'un de t'aider à répéter tes répliques. Tes exercices de mémorisation devraient se faire à voix haute. Il faut soigner :

- la prononciation. (Il faut que tous les mots soient prononcés clairement.)

- l'intonation. (Il faut bien rendre les sentiments vécus par son personnage, il faut se mettre dans sa peau.)

- le débit. (Il ne faut pas parler trop rapidement ni trop lentement.)

- la force de la voix. (Il faut que l'auditoire puisse entendre clairement.)

- l'expression corporelle. (Ton visage, tes mains et tout ton corps doivent exprimer ce que tu dis.)

Quatrième étape : les répétitions

Il est important que tu possèdes parfaitement ton texte avant le début des répétitions. Les décors et les costumes ne sont pas nécessaires. Les accessoires sont cependant importants.

Le metteur en scène ou la metteuse en scène regarde la scène et propose des améliorations, des gestes à faire, de meilleures intonations, etc.

Cinquième étape : la répétition générale

Cette répétition sert à faire les dernières mises au point avant la représentation de la pièce devant un auditoire. Cette répétition se fait avec les décors, l'éclairage, les costumes et les accessoires. Il serait préférable de choisir quelques acteurs qui ne sont pas toujours sur scène pour servir de souffleurs au cas où un acteur ou une actrice aurait un trou de mémoire.

Sixième étape : la représentation

Tout est prêt. Tous les acteurs portent leurs costumes. Le décor est installé. L'auditoire est là. Donne-toi entièrement à l'interprétation de ton rôle.

4 Pour faire un exposé oral

Préparation

Première étape : choisir un sujet

Si on te laisse le choix de ton sujet, pose-toi les questions suivantes :

- Qu'est-ce qui m'intéresse? Qu'est-ce qui me passionne?
- Sur quoi portent mes lectures et mes émissions de télévision préférées?

- Qu'est-ce qui occupe mes loisirs?

  Il faut absolument que tu sois intéressé/e par ton sujet si tu veux que ton auditoire soit intéressé.

▶ **Deuxième étape : définir le but de l'exposé**

Décide si tu dois :

- renseigner les auditeurs
- convaincre les auditeurs
- exprimer ton opinion

▶ **Troisième étape : identifier l'auditoire**

Pose-toi les questions suivantes :

- Comment vais-je m'y prendre pour attirer l'attention de mon auditoire?
- À quoi réagira-t-il le mieux? (À un exposé conventionnel ou à un exposé accompagné d'illustrations, d'affiches, de musique, de diapositives, de vidéo?)
- Qu'est-ce qui intéresse les personnes à qui je vais parler? Qu'est-ce qui risque de les ennuyer?
- Qu'est-ce qu'elles connaissent déjà sur le sujet de mon exposé?

▶ **Quatrième étape : planifier son exposé**

1. Écris ce que tu sais sur le sujet.
2. Établis un plan provisoire.
3. Trouve les informations nécessaires.
4. Choisis les supports visuels dont tu auras besoin.

Consulte **Pour faire et présenter un travail de recherche** (page 43).

▶ Cinquième étape : organiser le contenu de l'exposé

1. Fais un plan définitif.

2. Écris le texte ou les grandes lignes de ton exposé.

   Ton exposé devra contenir les trois parties suivantes :

   - **L'introduction**

     Dès le début, il faut piquer la curiosité et susciter l'intérêt des auditeurs. Il y a différentes manières de s'y prendre : on peut poser une question (*Saviez-vous que...?*); on peut provoquer ou sensibiliser son auditoire avec une anecdote, un témoignage, une blague, une illustration, etc.

     Une fois le contact établi, il faut présenter clairement son sujet et expliquer comment on entend le développer.

   - **Le développement**

     Il s'agit de présenter les idées principales de son exposé dans un ordre qui facilitera la compréhension du sujet choisi. Chaque idée principale doit être accompagnée d'exemples, de références, de citations, de faits, etc.

   - **La conclusion**

     D'abord, on annonce clairement à son auditoire qu'on va conclure. Ensuite, on résume les idées présentées dans le développement. Finalement, on peut présenter une autre dimension du sujet ou exprimer son opinion personnelle et ses sentiments.

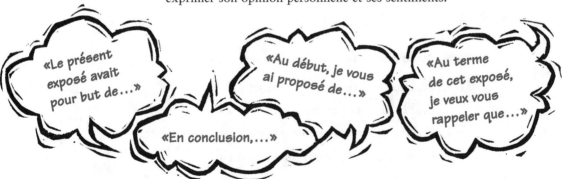

3. Prépare tes supports visuels (affiches, diapositives, vidéos, etc.)

▶ Sixième étape : pratiquer

Avant de présenter ton exposé à ton auditoire, fais un essai
pour constater ce que tu dois améliorer. Tu peux utiliser un
miroir et un magnétophone, ou encore une caméra vidéo. Tu
peux aussi demander l'opinion d'une autre personne. Utilise
cette liste de contrôle :

	OUI	PAS VRAIMENT
Les idées sont claires et précises.	❑	❑
Les idées sont présentées dans un bon ordre.	❑	❑
L'exposé est d'une longueur convenable.	❑	❑
L'exposé est intéressant jusqu'à la fin.	❑	❑
Les mots utilisés se comprennent bien.	❑	❑
Les phrases sont bien structurées.	❑	❑
Le présentateur / La présentatrice prononce clairement et articule bien.	❑	❑
Le présentateur / La présentatrice ne parle ni trop lentement ni trop vite.	❑	❑
Le volume de la voix du présentateur / de la présentatrice est adéquat.	❑	❑
Le présentateur / La présentatrice donne l'impression d'être à l'aise.	❑	❑
Les gestes du présentateur / de la présentatrice sont naturels et spontanés.	❑	❑
Le présentateur / La présentatrice semble être intéressé/e par son sujet.	❑	❑
Le temps alloué est respecté.	❑	❑

▶ Septième étape : finaliser son exposé

Fais les changements qui s'imposent à la suite de l'essai que tu as fait.

Organise tes notes. Beaucoup de présentateurs utilisent des fiches car elles sont plus faciles à manier. N'oublie pas de les numéroter.

Si tu utilises un texte, souligne ou mets en relief à l'aide d'un surligneur les idées principales à communiquer à ton auditoire. N'oublie pas que ce texte ne devra te servir que d'aide-mémoire.

Présentation

- Si tu t'es bien préparé/e, tu as plus de chances de bien réussir ton exposé. Tu seras aussi moins nerveux ou nerveuse.

    - N'oublie pas de ne pas lire ton texte si tu l'as préparé à l'avance et de ne pas parler sur un ton de lecture.

- Fais des gestes pendant ton exposé. Bouge un peu. Si tu utilises des supports visuels, cela te donnera la chance de te reposer et de calmer ta nervosité.

    - Fais des pauses courtes à intervalles réguliers. Tu peux demander à ton auditoire s'il te suit bien.

- Aie une bonne posture. Garde le corps droit. Sois enthousiaste tout au long de ton exposé.

    - Afin d'établir un bon contact visuel avec ton auditoire, regarde les gens calmement à droite, à gauche et au centre de la salle. Évite de regarder quelques personnes seulement ou de toujours regarder dans la même direction. N'oublie pas de regarder aussi les personnes du fond de la salle.

5 Pour faire un discours

Le discours comprend trois parties :

L'introduction

Il s'agit d'attirer l'attention de l'auditoire et de dire aux gens de quoi tu vas parler.

Le développement

Livre ton message. Sois convaincant/e. Essaie d'utiliser les stratégies suivantes :

- des questions et réponses

- de l'émotion

- de l'humour

«Vous voulez du changement? Permettez-moi de vous expliquer les changements que je prévois apporter.»

«Nos rues sont sales. Les enfants doivent jouer dans un dépotoir. Ils ne sont pas des rats. Il faut faire quelque chose!»

«Savez-vous pourquoi beaucoup des professeurs de notre école portent des lunettes teintées? Parce que les étudiants de cette école sont trop brillants. Je vous le dis, chers camarades de classe, si nous nous mettons tous ensemble nous pourrons trouver une solution à ce problème.»

Consulte aussi les suggestions sous **Pour faire un exposé oral** (page 6).

La conclusion

Rappelle à ton auditoire les principaux points de ton discours et finis par une phrase choc : un exemple touchant, une citation, une anecdote, un souhait, une suggestion, un rappel, une imploration, etc.

6 Pour participer à un débat

Un débat est une occasion d'exprimer ses opinions. Il y a des débats informels où chacun exprime son opinion personnelle et il y a des débats plus structurés, que l'on appelle aussi «débats contradictoires».

Qu'est-ce qu'un débat contradictoire?

Un débat contradictoire est un débat où deux équipes s'opposent sur un sujet précis. L'équipe qui réussit le mieux à défendre son opinion est déclarée gagnante. Le sujet d'un débat s'appelle une «proposition».

Voici les règles d'un débat :

- Deux équipes s'opposent.
- Une équipe défend la position «pour», l'autre équipe défend la position «contre». On ne présente pas nécessairement son opinion personnelle. Le but de cet exercice est de réussir à bien défendre une opinion à l'aide de preuves, d'arguments solides. Les coéquipiers peuvent élire un/e capitaine qui parlera au nom de l'équipe ou ils peuvent se partager la tâche.
- Pendant le débat, chaque équipe a le même nombre de minutes pour présenter ses preuves et ses arguments.
- Chaque équipe se réunit ensuite séparément pour discuter de la façon de réfuter les arguments de l'équipe adverse. Les équipes bénéficient d'un certain nombre de minutes établi à l'avance par le ou la juge.
- Ensuite, on donne le même temps à chaque équipe pour la réfutation. Il s'agit pour chaque équipe de répondre aux arguments de l'équipe adverse en démontrant les points faibles de son argumentation. On ne doit pas utiliser de remarques sarcastiques, d'attaques personnelles ou d'insultes.
- Le ou la juge décide quelle est l'équipe gagnante, c'est-à-dire laquelle des deux équipes a présenté son opinion de la façon la plus convaincante.

II – Stratégies d'écriture

1 Pour écrire une lettre personnelle

Une lettre personnelle a un style plutôt libre. Voici quelques formules de salutation pour commencer et finir une lettre personnelle.

Lettre personnelle à un/e camarade, à un/e collègue, à quelqu'un pour qui on a de l'amitié

Salutation initiale	Salutation finale
Cher *Marc*, Chère *Pascaline*,	Amitiés. Amicalement. Avec toutes mes amitiés. Bien à toi. Bien à vous. À la prochaine. / À bientôt. / Ciao. Ton ami/e, *Paul / Pauline*.

Lettre personnelle à un/e très bon/ne ami/e

Salutation initiale	Salutation finale
Mon très cher *Marc*, Ma très chère *Pascaline*,	Je t'embrasse. Bises. Bisous.

Exemple d'une courte lettre personnelle

Winnipeg, le 14 juillet 1996

Cher Luc,

J'espère que tu vas bien. Es-tu heureux d'être finalement en vacances? J'ai reçu ta lettre de juin quand tu te
préparais à tes examens, tu avais l'air d'en avoir assez
d'étudier.

Je t'écris aujourd'hui pour te communiquer une bonne
nouvelle. La compagnie pour laquelle je travaille pendant
l'été ferme ses portes pendant une semaine au début du
mois d'août. J'ai pensé aller passer cette semaine-là
avec toi à Vancouver. Es-tu libre? Réponds-moi le plus
vite possible.

Amitiés.
Yannis

Beaucoup de personnes dans le monde entier s'écrivent
régulièrement en utilisant l'Internet. Il y a des francophones
partout dans le monde avec qui tu peux communiquer. Y as-
tu pensé? Consulte **Pour améliorer son français à l'aide
de l'Internet** (page 70).

2 Pour écrire de courts messages

Voici de courts messages écrits pour différentes occasions. Tu peux t'en servir comme exemples et les adapter selon tes besoins.

 Une invitation

> Chère Lucie,
> Paul et moi serions heureux de t'accueillir pour fêter l'anniversaire de Marie-Josée. Nous préparons une petite surprise-partie qui aura lieu chez moi le 7 mars à 20 h. Peux-tu répondre, s'il te plaît, avant le 2 mars?
>
> Merci et à bientôt j'espère.
>
> Sophie

> Consulte **inviter / accepter une invitation / refuser une invitation** (page 120).

 Une réponse positive à une invitation

> Chère Sophie,
> J'accepte avec plaisir ton invitation à la surprise-partie pour l'anniversaire de Marie-Josée.
> Au plaisir de se revoir bientôt.
>
> Lucie

 Une réponse négative à une invitation

> Chère Sophie,
> Merci de ton invitation.
> Malheureusement, je dois travailler le 7 mars. J'ai essayé d'avoir congé, mais ça n'a pas été possible. Je le regrette vraiment car j'aurais aimé fêter l'anniversaire de Marie-Josée avec vous tous.
> Amusez-vous bien.
>
> Lucie

▸ Un mot de condoléances

> Cher San-Ju,
>
> J'ai eu beaucoup de peine en apprenant la mort de ton père. Je sais que tu l'aimais énormément et qu'il va te manquer. Je pense à toi dans ces moments difficiles.
>
> Je te présente mes plus sincères condoléances.
>
> Marc

Consulte **offrir ses voeux (présenter ses condoléances)** (page 128).

▸ Un mot de félicitations

Consulte **féliciter** (page 126).

> Chère Alicia,
>
> Je tiens à te féliciter d'avoir gagné le concours d'art oratoire. Tu le mérites bien car tu as travaillé très fort et tu étais, selon moi aussi, la meilleure.
>
> Encore une fois : bravo !
>
> Chantal

 3 Pour écrire une lettre d'affaires

> Une lettre d'affaires suit des règles plus strictes que la lettre personnelle.

- À noter que l'appel d'une lettre d'affaires n'inclut pas le mot *Cher / Chère*. (*Cher / Chère* ne s'utilise que dans les lettres personnelles.)

- À noter aussi que la salutation est toujours une phrase assez officielle. On ne finit pas une lettre d'affaires en français par un simple mot de salutation. Voici quelques exemples de salutation :

> *Recevez, Monsieur / Madame / Mademoiselle, l'expression de mes sentiments les meilleurs.*
>
> *Recevez, Monsieur / Madame / Mademoiselle, mes salutations distinguées.*
>
> *Veuillez agréer, Monsieur / Madame / Mademoiselle, l'assurance de ma considération (très, la plus) distinguée.*
>
> *Je vous prie d'agréer, Monsieur / Madame / Mademoiselle, l'expression de mes sentiments (très, les plus) respectueux.*
>
> *Agréez, Monsieur / Madame / Mademoiselle, l'assurance de mes meilleurs sentiments.*

- L'abréviation *p.j.* veut dire *pièce jointe* (c'est-à-dire que tu attaches un document à ta lettre).

Voici quelques exemples de lettres d'affaires. Tu peux les adapter selon tes besoins. Tu trouveras dans ces lettres beaucoup de vocabulaire utile.

 Lettre de demande de renseignements

Caraquet, le 1er mars 1996

Madame Lise Duval
Agente d'information
Musée d'art contemporain
40, rue Champlain
Sherbrooke (Québec)
J1N 4H8

Madame,

J'ai vu dans une revue d'art un tableau qui s'intitule *La Vie*. Cette revue mentionnait que vous l'exposez dans votre musée. Je vous serais très reconnaissante de me faire parvenir de la documentation sur ce tableau. Je l'aime beaucoup et j'ai l'intention d'en faire une critique pour un travail scolaire. Cependant, je ne connais même pas le nom de l'artiste ni ses origines. J'apprécierais toute information pertinente sur ce tableau et sur l'artiste qui l'a peint.

En vous remerciant à l'avance, je vous prie d'agréer, Madame, l'expression de mes sentiments respectueux.

Denise Landry
Denise Landry
124, boul. St-Pierre ouest, app. 21
Caraquet (Nouveau-Brunswick)
E1W 1A5

Lettre de demande d'emploi ou d'accompagnement d'un curriculum vitae.

Montréal, le 15 mars 1996

Madame Claire Beauchamp
Directrice du personnel
Société d'investissements XYZ
540, avenue Brisebois
Sherbrooke (Québec)
J1H 2K8

Objet : Demande d'emploi

Madame la Directrice,

En réponse à l'offre d'emploi insérée dans le journal *Le Devoir* du 12 mars 1996, permettez-moi de vous offrir mes services d'ingénieur civil.

Le poste que vous offrez répond à mes goûts et je crois posséder les qualités et l'expérience nécessaires pour bien faire ce travail. J'ai de nombreuses années d'expérience en conception d'édifices industriels et commerciaux et j'ai une très bonne connaissance de nombreux systèmes informatisés. Vous pourrez le constater en prenant connaissance de mon curriculum vitae, que je joins à cette demande.

J'espère que ma demande d'emploi retiendra votre attention et que vous voudrez bien m'accorder une entrevue dans un avenir proche. Je peux me présenter à vos bureaux n'importe quel jour de la semaine.

Veuillez agréer, Madame la Directrice, l'assurance de ma considération distinguée.

Armand Kazazian
Armand Kazazian

p.j. Curriculum vitae

4 Pour écrire les adresses sur les enveloppes

Voici des mots et leurs abréviations qui te seront utiles pour écrire des adresses.

appartement (app.)	8e étage
avenue (av.)	place
boîte postale (B.P.)	porte
boulevard (boul.)	promenade
bureau	route
case postale (C.P.)	route rurale n° 1 (R.R. n° 1)
chemin (ch.)	rue (ex.: *rue Lemieux* / *4e Rue*)
côte	

Armand Kazazian
124, rue Centennial, app. 4
Scarborough (Ontario)
M1C 1Y7

Madame Claire Beauchamp
Directrice du personnel
Société d'investissements XYZ
540, avenue Brisebois
Sherbrooke (Québec)
J1H 2K8

 5 Pour écrire un curriculum vitae

Tu trouveras ci-dessous deux exemples de curriculum vitae.
Tu peux les adapter selon tes besoins.

Remarques :

- Pour les références, tu peux écrire le nom et l'adresse de tes références au lieu de proposer de les donner sur demande.
- Les renseignements relatifs à l'état civil sont facultatifs.
- Un curriculum vitae ne devrait pas dépasser deux pages.

 Le curriculum vitae ci-dessous est pour un étudiant du secondaire qui cherche un emploi d'été ou à temps partiel.

KARL LAMER
1002, avenue Hillcrest
St-Catharines (Ontario)
L2R 4Y4
(905) 555-7956

Renseignements personnels :	Date de naissance : le 16 août 1982
Scolarité :	10e année École Laura Secord Moyenne : 65 % Matières fortes : la biologie et les arts plastiques
Expérience :	J'ai des contrats l'hiver pour pelleter la neige chez des gens. Je fais ce travail depuis trois ans. Je garde aussi des chiens pour les personnes qui partent en vacances. J'ai commencé ce travail il y a un an. L'été dernier, j'ai réparé des bicyclettes dans un magasin de bicyclettes neuves et d'occasion.
Bénévolat :	Je fais partie d'un club d'environnementalistes et je participe régulièrement au nettoyage des parcs de la région.
Passe-temps :	Judo, club d'informatique et musique

Le curriculum vitae suivant est celui d'une personne qui a beaucoup de diplômes et d'expérience.

CURRICULUM VITAE

RENSEIGNEMENTS PERSONNELS

Nom :	SOO
Prénom :	Sandra
Adresse :	4200, rue St-Denis, app. 10
	Montréal (Québec) H2L 4T8
Numéro de téléphone	
au domicile :	(514) 555-1776
au travail :	(514) 555-9404
Date et lieu de naissance :	le 10 juin 1964, Abbotsford
	(Colombie-Britannique)
Nationalité :	canadienne
Langue maternelle :	cantonais
Autres langues :	français (lu, parlé, écrit)
	anglais (lu, parlé, écrit)
	italien (lu, parlé)
Situation de famille :	mariée, deux enfants

ÉTUDES ET DIPLÔMES

Doctorat ès lettres, administration
Université Laval, Québec, 1990

Maîtrise en administration des affaires
Université de Montréal, 1987

Baccalauréat ès art, administration
Université Simon Fraser, Vancouver, 1985

Diplôme d'études secondaires
Abbotsford Senior High, Vancouver, 1982

EXPÉRIENCE

Situation professionnelle :

1992 à ce jour

Société de gestion Beaulieu et Beaulieu
Présidente et directrice générale

Responsabilités principales :
- Gestion du budget
- Gestion du personnel (un actuaire, trois comptables)
- Relations publiques

Autres contributions :
- Restructuration de la compagnie
- Conception et mise en place du système informatisé

Expérience professionnelle antérieure :

1988-1990

Hydro-Québec
Directrice administrative

1986-1988

Revue *Affaires*
Documentaliste (travail à temps partiel)

Autres expériences :

1985

Trésorière de l'Association des étudiants en administration

1982-1984

Les Magasins Ro-No
Assistante-comptable (travail d'été)

ACTIVITÉS ET INTÉRÊTS

Collecte de fonds pour *La société canadienne du cancer*
Cours de piano et de tai-chi
Lecture, golf et ski

RÉFÉRENCES

Des références seront fournies sur demande.

6 Pour structurer un paragraphe

Un paragraphe d'un article, d'un texte d'opinion, d'un résumé, d'une lettre, etc., se divise de la façon suivante :

Introduction : une phrase présentant l'idée principale du paragraphe

Développement : plusieurs phrases expliquant l'idée principale

Conclusion : une phrase qui renforce l'idée principale et qui souvent ajoute un nouvel élément ou qui introduit l'idée principale du paragraphe suivant du texte.

 ## 7 Pour écrire un article

En règle générale, un article de journal ou de magazine suit la structure illustrée dans la pyramide inversée ci-dessous. Un article assez long se divise en plusieurs paragraphes : chaque paragraphe après le préambule porte sur un détail particulier. Cette structure s'applique aux articles qui donnent des informations, pas aux éditoriaux ou aux critiques.

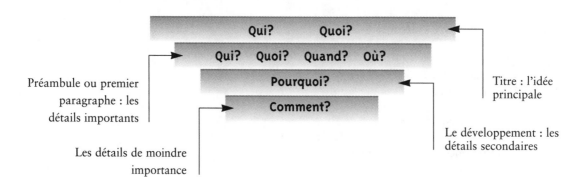

8 Pour rédiger une opinion (une lettre d'opinion, un éditorial, une critique)

La rédaction d'un paragraphe d'opinion se fait en quatre étapes :

▶ L'amorce

En une phrase ou deux, on présente le sujet.

> Exemple : *L'euthanésie, vous connaissez?*

▶ Le déclencheur

En une phrase ou deux, on expose la situation controversée ou le fait qui a déclenché sa réflexion.

> Exemple : *Récemment, deux personnes en phase terminale d'une grave maladie ont demandé à leur médecin d'interrompre les soins médicaux qu'elles recevaient. Les médecins ont dû refuser à cause d'une loi qui leur interdit de faire cela. Nous devons nous demander si le gouvernement a le droit de vie ou de mort sur nous.*

▶ L'argumentation

On présente le point de vue qu'on défend et on démontre qu'il est plausible ou acceptable. Elle inclut un ensemble d'arguments sur lesquels s'appuie son opinion. Elle inclut aussi des exemples qui tentent à prouver qu'on a raison.

Comment continuerais-tu le paragraphe d'opinion commencé ci-dessus?

▶ La clôture

On résume l'opinion défendue (en deux ou trois phrases). D'abord, on rappelle son point de vue du départ, puis on essaie de conclure par une formule frappante : question, solution à un problème, pensée philosophique, etc.

> **Remarque :** Quand l'argumentation est plus longue, comme dans le cas d'un éditorial ou d'une critique, on divise l'argumentation en plusieurs paragraphes.

9 Pour écrire un texte d'opinion sur un sujet controversé (ou une dissertation)

 Éléments principaux d'un texte d'opinion

Pour écrire un texte d'opinion sur un sujet controversé ou particulièrement brûlant, il convient de présenter les éléments suivants :

▶ **la thèse**
(le pour)
un ou plusieurs paragraphes dans lesquels on expose les arguments et les exemples favorables au point de vue étudié

▶ **l'antithèse**
(le contre)
un ou plusieurs paragraphes dans lesquels on expose les arguments et les exemples qui défendent une opinion contraire

▶ **la synthèse**
(opinion personnelle)
un ou plusieurs paragraphes dans lesquels on expose les arguments et les exemples qui permettent d'exposer un point de vue personnel face à la thèse et à l'antithèse

 Plan d'un texte d'opinion

La distribution du nombre de mots est celle d'un texte de 700 à 1000 mots. Elle donne une idée de l'importance de chaque partie. Tu peux écrire des textes d'opinion plus courts ou plus longs que cela.

▶ **I - L'introduction (50 à 100 mots)**

• le sujet amené :
une phrase ou plus pour introduire le contexte général de ton texte et «accrocher» les lecteurs

• le sujet posé :
une phrase ou plus pour présenter clairement ton sujet

• le sujet divisé :
une phrase ou plus pour donner les divisions (le plan) de ton texte (la thèse, l'antithèse et la synthèse)

▶ II - Le développement (200 à 250 mots par paragraphe)

Paragraphe 1 :   la thèse ou l'opinion favorable (le pour)
- **l'amorce** : présentation du point de vue
- **le déclencheur** : explication du point de vue à l'aide d'un témoignage, d'une expérience personnelle, de statistiques, d'une nouvelle, etc.
- **l'argumentation** : ensemble d'arguments et d'exemples qui montrent la valeur de l'opinion
- **la clôture** : bref résumé du point de vue

Paragraphe 2 :   l'antithèse ou l'opinion contraire (le contre)
(suivre les étapes du paragraphe 1)

Paragraphe 3 :   la synthèse ou l'opinion personnelle
(suivre les étapes du paragraphe 1)

▶ III - La conclusion (50 à 100 mots)

- **le résumé de la démonstration** : une phrase ou plus qui rappelle la thèse, l'antithèse et la synthèse
- **le résultat** : une phrase ou plus qui donne une réponse à la question posée
- **l'ouverture** : une phrase ou plus qui présente une idée nouvelle, qui amène les lecteurs à se poser une autre question

Le titre et les sous-titres

Le titre et les sous-titres servent à guider les lecteurs en leur signalant les idées maîtresses. Pour le texte d'opinion, il est important non seulement d'avoir un titre, mais aussi un sous-titre pour chacun des paragraphes du développement.

> **Remarque** : Ce plan peut aussi s'appliquer à la rédaction d'un essai ou d'une dissertation. Un essai ou une dissertation n'utilise cependant pas de sous-titres.

10 Pour faire un résumé

Résumer, c'est réduire à beaucoup moins de mots ce qu'on a entendu ou lu. Voici quelques règles à suivre :

- respecter l'ordre des idées
- respecter le sens
- utiliser un vocabulaire personnel

Pour résumer un texte, suis les étapes suivantes :

▶ Fais une première lecture pour savoir de quoi on parle.

> ▶ Fais une deuxième lecture et fais une liste des idées principales et des idées secondaires. Tu peux te servir de schémas pour te représenter le plan du texte.

▶ Rédige le résumé : utilise tes propres mots pour rapporter les idées principales et secondaires du texte. Observe bien les liens logiques. Le style du résumé doit si possible respecter celui du texte originel. Évite des expressions telles que : «d'après le texte», «l'auteur estime que», «je pense que», etc.

 11 Pour faire un compte-rendu de lecture

Quand on te demande de faire le compte-rendu d'une nouvelle, d'un roman ou d'une pièce de théâtre, voici les informations qu'on s'attend à y trouver :

▶ **La présentation de l'auteur/e :** sa date et son lieu de naissance, les principales étapes de sa vie, une liste de ses oeuvres, une courte description de l'époque à laquelle il ou elle a vécu.

▶ **La description de l'ouvrage :** nombre de pages, date de publication, maison d'édition, public visé, succès, etc.

▶ **Le contenu de l'ouvrage :** description des personnages, des lieux et de l'époque à laquelle se déroule l'histoire, résumé de l'intrigue.

▶ **La critique :** courte opinion personnelle sur l'ouvrage. Tu peux répondre aux questions suivantes :

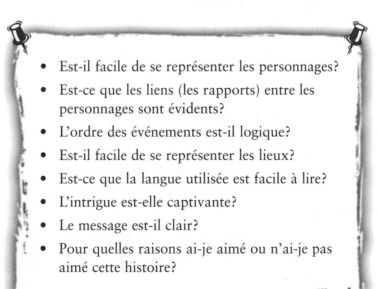

- Est-il facile de se représenter les personnages?
- Est-ce que les liens (les rapports) entre les personnages sont évidents?
- L'ordre des événements est-il logique?
- Est-il facile de se représenter les lieux?
- Est-ce que la langue utilisée est facile à lire?
- L'intrigue est-elle captivante?
- Le message est-il clair?
- Pour quelles raisons ai-je aimé ou n'ai-je pas aimé cette histoire?

Pour composer une histoire
12 **(une nouvelle, un roman)**

 Avant d'écrire

▶ **Trouve une idée**

Il n'est pas nécessaire d'avoir eu des expériences de vie extraor-
dinaires pour écrire des histoires intéressantes. Il s'agit de ne pas
avoir peur de laisser aller son imagination.

☞ **Pose-toi des questions hypothétiques.** Par exemple :

Et si
> ...j'étais mon père / ma mère?
> ...j'avais quarante ans?
> ...j'étais un chanteur / une chanteuse populaire?
> ...j'étais témoin d'un tremblement de terre?
> ...on vivait en l'an 2050?
> ...mes amis et moi étions les seuls survivants
> d'un désastre mondial?

☞ **Rappelle-toi les moments intéressants de ta vie.** Pour t'aider :

- Écris une courte description chaque fois qu'un événement
  dont tu es témoin ou dont tu entends parler te fait réagir
  avec curiosité, doute, peur, colère, pitié, joie. Plus tard, ces
  notes t'inspireront peut-être une histoire.

- Prends note des choses intéressantes que tu entends ou que tu
  lis : un proverbe, un dicton, une citation dans un journal, une
  remarque d'une personne autour de toi, etc. Elles pourront
  t'inspirer à créer des personnages qui auraient pu les dire.

- Découpe ou prends note de titres de journaux ou de
  magazines intéressants.

 **Dix jeunes vivent dans un
appartement d'une seule pièce!**

Pourquoi cette situation existe-t-elle? Utilise ton imagination.

✏ **Demande-toi quelle sorte d'histoires tu aimes lire.** Ce genre d'histoire est peut-être celui que tu auras le plus de facilité à écrire. Que préfères-tu?

Les histoires de science-fiction? Les thrillers? Les contes? Les légendes? Les récits historiques? Les histoires policières? Les histoires d'aventure? Les histoires d'épouvante? Les histoires réalistes et contemporaines?

▶ **Imagine les principaux éléments de l'histoire**

Avant de commencer à écrire, développe tes idées en répondant aux questions suivantes :

PERSONNAGES

Qui est au centre de l'intrigue ou de l'action? De qui est entouré le personnage principal?

INTRIGUE

Qu'est-ce qui déclenche l'intrigue? Quels sont les événements importants de l'histoire? Qu'est-ce que les personnages vont faire? Quel va être le dénouement?

THÈME

Quel est le thème ou l'idée principale? Quel message est-ce que je veux faire passer? (Est-ce que j'écrirai une histoire portant sur le courage, l'espoir, l'amitié, les difficultés de la vie?)

TEMPS ET LIEU

Quand et où se situera mon intrigue? Qu'est-ce que je sais au sujet de cette époque et de cet endroit?

▶ Planifie ton histoire

Planifie les grandes lignes de ton histoire.

- D'abord, définis le problème ou le conflit.
- Ensuite, montre comment le personnage principal attaque le problème ou le conflit et comment il change en conséquence.
- Finalement, imagine une fin (heureuse, triste, dramatique, comique, inattendue, etc.) au conflit.

▶ Détermine ton but et choisis ton public

Veux-tu que tes lecteurs rient, aient peur, se posent des questions, réfléchissent, pleurent? Qui seront tes lecteurs?

▶ Choisis un type de narration

Tu as trois possibilités :

☞ Le narrateur ou la narratrice est un personnage de l'histoire

Cette narration se fait à la première personne (*je*). Le narrateur ou la narratrice ne peut parler que des choses qu'il ou qu'elle connaît. Il ou elle ne peut pas, par exemple, imaginer les pensées des autres personnages.

> *J'ai vu Cyril qui était assis dans un coin du salon et je me suis demandé pourquoi il semblait si triste.*

☞ L'histoire est racontée du point de vue d'un des personnages

Cette narration se fait à la troisième personne (*il / elle / ils / elles*).

> *Katerina a vu Cyril qui était assis dans un coin du salon et elle s'est demandé pourquoi il semblait si triste.*

☞ **Le narrateur ou la narratrice est omniscient/e**

Le narrateur ou la narratrice sait tout et voit tout. Ce type de narration est idéal si tu veux décrire les pensées et les émotions de tous tes personnages.

> *Cyril était assis dans un coin du salon et pensait à la mort de son père. Cela le rendait toujours très triste. Katerina est entrée et a vu sa tristesse. Elle s'est demandé ce qui l'avait mis dans cet état.*

Première ébauche

À tes crayons (À ton ordinateur), vas-y!
Écris aussi vite que tu le peux pour ne pas laisser échapper tes idées. Ne passe pas trop de temps à essayer d'écrire des phrases parfaites ou à imaginer tous les détails. Tu pourras améliorer ton histoire plus tard.

▶ **Pour commencer ton histoire**

Il y a différentes façons de commencer une histoire. Tu peux commencer par :

☞ **un moment dramatique**

> *En rentrant chez lui, fatigué d'une longue journée de travail, Marc retrouve son appartement dans un fouillis total. Il se demande si des voleurs ou peut-être la police sont entrés en son absence.*

☞ **un dialogue**

> *«Mais quel fouillis!», s'est exclamé Marc en rentrant chez lui. «C'est des voleurs ou la police qui a fait ça?» a-t-il demandé à Serge.*

☞ **la description des lieux**

> *L'appartement ressemblait à une zone de dévastation. Les meubles étaient à l'envers, les livres et autres objets par terre. Ce ravage semblait être l'oeuvre de voleurs à la recherche d'un trésor ou de la police à la recherche d'un indice caché.*

▶ Pour faire une bonne utilisation des dialogues

Dans une histoire, les personnages parlent comme de vraies personnes, mais leurs conversations sont plutôt courtes et n'incluent que ce qui est important pour la compréhension de l'histoire. Utilise des dialogues pour t'aider à montrer la personnalité de tes personnages, mais assure-toi que tes dialogues contribuent à faire avancer l'histoire. L'exemple ci-dessous ne fait pas une bonne utilisation du dialogue car la même chose est en fait répétée deux fois.

Consulte **Le discours direct et le discours indirect** (page 197).

> *Il m'a crié de m'arrêter, mais je ne l'ai pas écouté. J'ai couru pour lui échapper. «Arrête! Arrête!», m'a-t-il crié. «Je ne m'arrêterai pas. Essaie de me rattraper si tu en es capable!», ai-je répondu.*

◣ Deuxième ébauche

▶ Améliore ton histoire

 Relis ton histoire et détermine quels aspects doivent être améliorés. Pose-toi les questions suivantes :

> L'intrigue est-elle captivante?
> Le message (le thème) est-il clair?
> Le déroulement de l'intrigue est-il clair?
> L'ordre des événements est-il logique?
> Le titre est-il adéquat et intéressant?
> Est-il facile de se représenter les personnages?
> Est-il facile de se représenter les lieux?
> Y a-t-il des parties qui sont trop longues?

✎ **Réécris les parties qui ne fonctionnent pas bien.** Par exemple, tu peux :

- couper des sections qui ne sont pas nécessaires au déroulement de l'histoire. Ne garde pas les détails qui ne font pas avancer l'histoire et qui peuvent la rendre ennuyeuse.

- créer de meilleurs liens entre les événements. Par exemple, si un personnage habite Winnipeg et il se retrouve à Vancouver sans explication, tes lecteurs ne vont pas comprendre ce qui se passe.

- déplacer des conversations et des scènes là où elles auront un plus grand impact.

- expliquer plus clairement les raisons d'agir de tes personnages. Tes lecteurs se mettront plus facilement dans la peau de tes personnages s'ils comprennent les raisons de leurs actions.

✏ **Assure-toi que tes idées sont bien divisées en paragraphes.**

✏ **Assure-toi que ton histoire est toujours racontée du point de vue de la même personne.**

✏ **Demande l'opinion d'une autre personne sur le contenu de ton histoire.** Pose-lui les mêmes questions (page 34) que tu t'es posées pour améliorer ton histoire. Améliore ton histoire en conséquence.

✏ **Corrige tes fautes de grammaire, d'orthographe et de ponctuation.**

✏ **Demande à une autre personne de lire ton histoire pour t'aider à repérer les fautes de grammaire, d'orthographe et de ponctuation.** Fais les changements nécessaires après avoir vérifié si cette personne avait bien raison.

Consulte **Pour réviser ses textes et ceux des autres** (page 47)

🔺 **Publication**

▶ **Rédige ta copie finale.**

▶ **Fais lire ton histoire à d'autres personnes.**

13 Pour écrire un scénario

On te demande d'écrire une saynète ou une courte pièce de théâtre? Voici quelques suggestions qui pourront guider ton travail.

▶ **Écrire un scénario consiste à raconter une histoire à l'aide d'actions et de dialogues.**

Quand tu as une idée générale de la situation que tu veux présenter (par exemple, un conflit entre un adolescent et ses parents, une mauvaise blague, un party désastreux), définis les éléments suivants :

- le thème
- les personnages
- l'intrigue
- le ou les lieux

▶ **Ensuite, choisis ton but :** faire rire, faire réfléchir, faire peur, etc. Tiens ensuite compte de qui sera ton public : des enfants, des adultes, des jeunes, un groupe mixte.

▶ **Développe ton scénario.** Voici quelques étapes qui t'aideront à le développer :

1. Crée tes personnages.

   > Pour chaque personnage, définis les éléments suivants : apparence physique, âge, personnalité, voix, allure, occupation, famille, amis, goûts, comportement général. Si tu sais dessiner, tu peux aussi dessiner tes personnages.

2. Imagine la manière dont chacun de tes personnages parlera (accent, débit, volume, etc.).

3. Imagine les lieux et l'époque (le temps).

4. Détermine les parties importantes de l'histoire : le début de l'intrigue, le point culminant de l'intrigue, la suite des événements menant au dénouement et le dénouement.

5. Crée une atmosphère qui conviendra à ton histoire.

   Pense aux décors, à l'éclairage, aux bruits de fond, aux effets spéciaux et aux accessoires dont tu auras besoin pour créer l'atmosphère désirée.

6. Écris ton scénario.

   Un scénario comprend deux éléments :
   - les dialogues
   - les indications techniques (les instructions donnés aux comédiens sur la manière de bouger et de parler, les accessoires à utiliser, les descriptions et les changements de décors, les bruits de fond)

   Pour présenter ces éléments, tu peux suivre le format suivant :

   > *Le père est assis et regarde la télévision. La mère lit. Le garçon entre dans le salon à peine éclairé.*
   >
   > **Mathieu** *(d'une voix agitée)* Vous rendez-vous compte de ce qui m'arrive?
   >
   > **La mère** *(sans lever les yeux de son livre)* Attends que je finisse de lire cette page, veux-tu? Tu t'énerves toujours trop.

7. Pour vérifier si le dialogue fonctionne bien, lis-le à haute voix. Tu peux aussi le faire entendre à d'autres personnes. Pose-toi et pose-leur les questions suivantes :
   - L'histoire est-elle captivante dès le début?
   - Est-ce que les personnages et les dialogues sont vivants, réels?
   - Est-il facile de suivre l'intrigue?
   - Est-ce que la fin est prévisible?

8. Fais les corrections qui s'imposent.

Consulte aussi **Pour monter une pièce de théâtre** (page 4).

Consulte aussi **Pour lire et interpréter de la poésie** (page 55).

14 Pour écrire un poème

Tu veux écrire un poème ou une chanson? Tu trouveras ci-dessous quelques idées qui pourront t'aider. Même si tu décides de ne pas écrire de poème, les informations ci-dessous t'aideront à mieux comprendre les poèmes que tu liras.

La construction d'un poème

▶ **Voici différentes manières d'écrire un poème :**

✏ **Le poème tableau**

Il décrit une scène et propose de la regarder.

✏ **Le poème témoignage**

Il rapporte une expérience personnelle. Souvent il utilise le *je* ou le *nous*.

✏ **Le poème récit**

C'est un poème narratif qui raconte un événement, un épisode de la vie de quelqu'un.

✏ **Le poème lettre**

C'est un message adressé à une personne ou à une chose que l'on personnifie.

✏ **Le poème catalogue**

Il apparaît sous forme de liste, d'énumération.

✏ **Le poème bascule**

Il est basé sur un contraste, une opposition, une tension entre deux aspects contraires.

> **Remarque :** On retrouve souvent plusieurs de ces manières d'écrire dans le même poème.

▶ Voici différents procédés utilisés en poésie :

✎ L'allitération

C'est la répétition fréquente des mêmes sons.

- La répétition de consonnes dures (p, t, r, k...) peut produire un effet de violence.

    Exemple : *Les soldats pétrissent la terre de leurs pas ravageurs.*

- La répétition de consonnes douces (b, l, j, m, n...) peut produire un effet de douceur, d'harmonie, de quiétude.

    Exemple : *Le jour blémit et s'éloigne lentement de moi.*

- La répétition d'une même consonne tout au long d'un poème peut donner une impression d'unité, de cohésion.

✎ Les rimes

Ce sont des syllabes ou des sonorités semblables qui reviennent à la fin des vers d'un poème. Les rimes sont devenues rares dans la poésie contemporaine. Aujourd'hui, c'est surtout les chansons qui les utilisent.

✎ La répétition

Un poème utilise souvent les mêmes mots, expressions ou phrases. Ce procédé vise à produire différents effets, par exemple : le renforcement d'une idée, la permanence, la monotonie, la longueur, la lassitude, l'insistance, la nécessité de faire quelque chose, l'effet de reprise d'un refrain.

    Exemple : *La répétition du mot «vie» dans le poème «La vie» de la page 56.*

✎ La comparaison

La comparaison utilise les mots *comme*, *tel*, *tel que*, *pareil à*, *semblable à*, etc.

    Exemple : *Froide comme la glace de la rivière sans vie.*

✏ La métaphore

C'est une comparaison camouflée, c'est-à-dire qu'on n'utilise pas les mots *comme*, *tel*, *tel que*, *pareil à*, *semblable à*, etc. Souvent, on utilise le sens abstrait d'un mot.

> Exemples :
>
> *une source de plaisir* («source» au sens concret est un endroit d'où vient l'eau)
>
> *une rivière sans vie* (une rivière qui ne bouge pas comme si elle était sans vie)

✏ Les omissions

En poésie, on a tendance à utiliser le moins de mots possibles. Considérez l'exemple suivant.

> Exemple : *Je t'aime, bonheur de mes jours = Je t'aime, toi qui fais le bonheur de mes jours*

✏ La disposition particulière des mots

Il est possible de jouer avec la disposition des mots dans un poème pour créer un effet particulier.

- À l'intérieur des vers, il y a parfois des mots ou des groupes de mots qui sont isolés ou entourés de blanc. On utilise ce procédé pour mettre les mots en relief ou leur donner plus d'importance. On s'en sert aussi pour créer un effet rythmique ou visuel.

- Un poème peut aussi être un *calligramme*, c'est-à-dire un poème dont les vers sont disposés pour représenter un objet ou une image.

Guillaume Apollinaire

```
   L                    E
    A                 T
     C             A
      R         V
       A
       DOU
       LOU
       REUSE
       QUE TU
       PORTES
     ET QUI T'
    ORNE Ô CI
      VILISÉ

ÔTE                TU VEUX
LA                    BIEN
SI                   RESPI
                       RER
```

Calligrammes, «La cravate et la montre», © Éd. Gallimard.

La création d'un poème

▶ **Trouve une idée!**

- Pense à un sujet : l'amour, un chagrin, une belle journée, un/e bon/ne ami/e, une prison, une difficulté de la vie, l'école, les vacances, un sport, une injustice, un beau paysage.
- Inspire-toi d'un tableau, d'une photo, d'une sculpture, d'une affiche.
- Inspire-toi d'un roman que tu as lu ou d'un film que tu as vu.

▶ **Trouve une manière de dire!**

Retourne aux *différentes manières d'écrire un poème* à la page 38 pour choisir la sorte de poème que tu veux écrire.

▶ **Commence à écrire!**

La difficulté est de trouver les premiers mots. Pour un poème sur l'amour, essaie ces mots : *Pourquoi l'amour…? L'amour est… Amour, tu es… Qu'est-ce qu'aimer? Dis-moi… Tu me dis que tu m'aimes…*

▶ **Continue à écrire!**

Demande-toi comment tu te sens par rapport à ton sujet. Laisse tes émotions diriger le ton de ton poème. Essaie les procédés d'expression décrits aux pages 39 et 40. N'écris pas un long poème pour commencer. Laisse ton poème de côté pendant un certain temps et reprends-le ensuite pour l'améliorer.

Bonne écriture!

Mini-lexique de la poésie

vers (m) :   ligne d'un poème

strophe (f) :   groupe de vers. Les strophes sont les paragraphes d'un poème.

15 Pour écrire une biographie

Pour écrire une biographie, tu peux suivre les étapes suivantes.

▶ **Introduction**

Nomme la personne que tu vas présenter.

▶ **Développement**

1. Décris l'époque où cette personne a vécu.
2. Donne les détails importants de sa vie : naissance, famille, éducation, travail, mort.
3. Décris sa personnalité. (Portrait physique général et traits particuliers. Portrait psychologique : caractère, goûts, manies, etc. Événements qui l'ont marquée.)
4. Décris son oeuvre. (Identifie et situe ses oeuvres principales et ses grandes réalisations. Identifie et explique les idées et les thèmes qui reviennent dans ses oeuvres. Mentionne ses influences.)

▶ **Conclusion**

Fais une courte synthèse des éléments présentés dans le développement et exprime ton opinion personnelle sur cette personne et ses oeuvres.

16 Pour faire et présenter un travail de recherche

▶ **Choisis ton sujet**

Avant de faire ton choix définitif, tu peux te poser les questions suivantes :

- Est-ce que le sujet m'intéresse?
- Pourrai-je trouver assez d'information sur ce sujet?
- Trouverai-je trop d'information? (Si tu fais de la recherche sur un sujet qui est trop vaste comme les animaux ou la vie humaine, tu trouveras trop d'information et il te sera très difficile de structurer ta recherche. Limite alors ton sujet.)

▶ **Fais tes recherches**

Voici quelques ressources possibles pour trouver ton information :

- *les encyclopédies* (Celles-ci peuvent aussi se trouver sur disques optiques compacts [CD-ROM].)

- *les atlas*

- *les dictionnaires* (N'oublie pas les dictionnaires de noms propres.)

- *le fichier de la bibliothèque* (Ce sont les fiches qui se trouvent dans de petits tiroirs à la bibliothèque ou dans l'ordinateur de la bibliothèque. Elles sont classées par auteurs, titres ou sujets.)

- *les revues, les magazines et les journaux*

  Certaines bibliothèques gardent d'anciens numéros de périodiques, soit dans un classeur, soit sur microfiches.

- *les documents audio-visuels* : films documentaires, diapositives, enregistrements d'émission de télévision ou de radio.

  Certaines grandes bibliothèques gardent des documents audio-visuels. Ton ou ta professeur/e peut peut-être aussi t'aider à emprunter des films de l'Office national du film du Canada ou des films d'autres organisations provinciales.

- *les personnes-ressources*

  Fais des entrevues avec des gens qui sont experts dans le sujet de ta recherche.

- *les publications gouvernementales et les différentes brochures de divers organismes et compagnies*

  Tu peux habituellement te les procurer gratuitement en écrivant au ministère ou à l'organisme concerné.

- *les services documentaires multi-média*

  Si tu connais quelqu'un ou un organisme qui a un ordinateur et un modem et qui est abonné à un service de documentation, tu peux rechercher ce qui existe sur ton sujet. (Malheureusement, ce n'est habituellement pas gratuit.) Ensuite, il s'agira d'essayer de trouver la documentation qui t'intéresse dans les centres de documentation de ta région.

- *Internet*

  Si toi ou ton école êtes branchés à l'*Internet*, vas-y, surfe sur le *Net*!

Consulte aussi **Pour améliorer son français à l'aide de l'Internet** (page 72).

▶ **Organise l'information trouvée**

- Lis l'information que tu as trouvée et ne retiens que l'information qui t'intéresse.

- Note l'information dont tu auras besoin. Écris ces notes dans tes propres mots. Il est souvent suggéré d'utiliser des fiches. Sur chaque fiche, tu écris la réponse à une question que tu t'es posée sur ton sujet. Si tu trouves une citation qui t'intéresse, recopie-la mot à mot en la mettant entre guillemets («...»). Si tu trouves de l'information en anglais, n'essaie jamais de traduire le texte mot à mot. Résume l'information dans tes propres mots.

- Note bien toutes tes sources. Tu peux garder cette information sur des fiches.

    Exemple : Jean-Marie Leduc et Jean-Noël Ogouz, *Le Rock de A à Z*, Albin Michel, Paris, 1990, p. 43-47.

▶ **Fais un plan**

À partir de l'information trouvée, fais le plan de ton travail de recherche.

Divise l'information en grandes catégories. Considère l'exemple suivant :

> ### Le phénomène des Beatles
> I.   *L'origine de chacun des membres*
> II. *Leur époque*
> III. *Leur musique*
> IV. *Leurs succès*
> V.   *Les raisons de leur popularité*
> VI. *Leur influence sur la société d'alors et sur la société d'aujourd'hui*

Chacune des grandes catégories de ton sujet pourra devenir un paragraphe ou une section de ton travail. Divise chacune de ces grandes catégories en sous-catégories et tu auras l'essentiel du contenu de chaque paragraphe.

▶ **Rédige ton travail de recherche**

- Ton travail devra se diviser en trois grandes parties :

    1. *L'introduction*

        Elle explique sur quoi porte ta recherche et cherche à intéresser les lecteurs. Elle indique les grandes divisions de ton travail.

    2. *Le développement*

        Il consiste en plusieurs paragraphes, chacun traitant d'une idée principale. Le développement suit les étapes de ton plan.

    3. *La conclusion*

        Il s'agit d'un paragraphe qui résume les points importants du développement. Essaie de la terminer par une phrase ou deux qui démontre l'importance de ton sujet.

- Si tu utilises des citations, n'oublie pas d'en indiquer la source. À la fin de chaque citation, écris un numéro et indique la source au bas de la page, comme dans l'exemple ci-dessous.

> «1967 a été, sans que John, Paul, George ou Ringo le sentent vraiment, la dernière année du groupe en tant que tel.»[1]

[1] Jean-Marie Leduc et Jean-Noël Ogouz, *Le Rock de A à Z*, Albin Michel, Paris, 1990, p. 46.

- La dernière page de ton travail de recherche consiste normalement en une bibliographie. Cette bibliographie doit suivre l'ordre alphabétique des noms des auteurs. Vois ci-dessous les différents exemples. (Si tu n'utilises pas un ordinateur pour écrire ta copie finale, tu devras souligner au lieu d'utiliser l'italique.)

Exemples :

Livres : Sington, Adrian et Ross, Tony. *Le livre de la peinture et des peintres*, Paris, Gallimard, 1983. 93 p.

Encyclopédies et dictionnaires : *Encyclopédie Larousse des jeunes*, Paris, Librairie Larousse, 1991.

Magazines et journaux : Dénommée, André. «Le sport à l'école». *Le Magazine jeunesse*, vol. 2, n° 3 (février 1994), p. 3.

Documents audio-visuels : *Le chandail*. Film. Office national du film du Canada, 1991, 10 min, 21 s.

Entrevues : Tremblay, Pierrette (musicienne). Entrevue personnelle. Edmonton, 12 mai 1996.

▶ Révise ton travail de recherche

Relis et améliore ton travail. Demande à des camarades de classe de t'aider à trouver les faiblesses et les erreurs dans ton travail.

▶ Rédige ta copie finale

Mets ton texte au propre. Utilise un ordinateur si tu le peux.

Inclus des graphiques, des dessins, des photos, etc., pour rendre ton travail plus intéressant.

Fais une page couverture qui inclura le titre de ton travail suivi de ton nom, de ta classe et de la date.

N'oublie pas de numéroter les pages.

Laisse des marges d'environ deux centimètres et demi à gauche, à droite, en haut et en bas de chaque page. Suis les instructions de ton ou ta professeur/e en ce qui concerne la présentation. Souvent, on demande que le travail soit présenté à double interligne.

Consulte **Pour réviser ses textes et ceux des autres** ci-dessous.

17 Pour réviser ses textes et ceux des autres

Les étapes de la rédaction

La rédaction d'un texte suit normalement les étapes illustrées dans le graphique ci-dessous. Les flèches montrent qu'il faut parfois retourner aux étapes précédentes quand nos idées n'ont pas produit le résultat désiré.

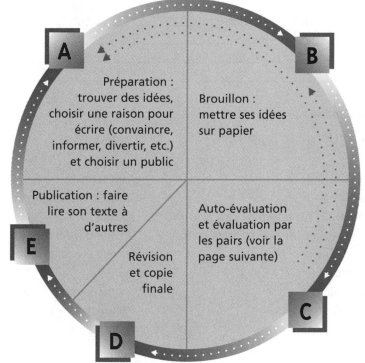

A — Préparation : trouver des idées, choisir une raison pour écrire (convaincre, informer, divertir, etc.) et choisir un public

B — Brouillon : mettre ses idées sur papier

C — Auto-évaluation et évaluation par les pairs (voir la page suivante)

D — Révision et copie finale

E — Publication : faire lire son texte à d'autres

Auto-évaluation et évaluation par les pairs

Utilise les critères suivants. Tu peux en ajouter d'autres selon la nature de ton texte.

Évaluation du contenu

	OUI	PAS VRAIMENT
• Les idées sont présentées clairement.	☐	☐
• Le titre est bien choisi et intéressant.	☐	☐
• Les liens entre les idées sont logiques.	☐	☐
• Le texte se lit facilement.	☐	☐
• Le texte est bien divisé en paragraphes.	☐	☐
• Les idées présentées sont intéressantes.	☐	☐
• La lecture de ce texte m'a intéressé/e.	☐	☐

Suggestions pour améliorer le texte : _____

_____

_____

_____

Évaluation de la langue

Identifie les fautes qui se rapportent aux éléments suivants et corrige-les.

@ Vocabulaire (choix de mots)
@ Orthographe
@ Genre (masculin ou féminin) des noms
@ Nombre (singulier ou pluriel) des noms
@ Accord des adjectifs
@ Temps des verbes
@ Accord des verbes
@ Utilisation de mots-liens

@ Ponctuation
   majuscule et minuscule (A / a)
   point (.)
   point d'interrogation (?)
   point d'exclamation (!)
   virgule (,)
   point-virgule (;)
   deux-points (:)
   guillemets (« »)

III – Stratégies de lecture

1 Pour lire dans une langue seconde

Lire dans une langue seconde est bien sûr plus difficile que lire dans sa propre langue. Voici quelques stratégies qui pourront t'aider.

Stratégies de pré-lecture

▶ Regarde le texte dans son ensemble et trouve de quel **genre** il s'agit. (Est-ce un article d'information? une critique? une histoire? un éditorial? une entrevue? un poème? des instructions sur un produit? une lettre? une affiche?) Tu connais déjà ces genres dans ta propre langue et tu sais à peu près comment ils sont écrits. Déjà, tu commences à avoir une idée de ce que tu vas lire.

> ▶ Regarde les **photos** ou les **illustrations** qui accompagnent le texte. Quels renseignements te donnent-elles?

▶ Lis le **titre**. Que peux-tu deviner ou anticiper du contenu du texte à partir de ce titre? Prends quelques minutes pour essayer de deviner de quoi on va parler.

> ▶ Lis les **sous-titres**. De quoi le texte parlera-t-il en particulier? Que connais-tu déjà sur ces sujets?

Tu es maintenant prêt/e à commencer ta lecture.

Stratégies de lecture

Pour lire dans une langue seconde, il est très important d'accepter de lire sans tout comprendre. Autrement, on s'arrête à tous les mots qu'on ne comprend pas et on les cherche dans un

dictionnaire. Cela prend beaucoup de temps et on se décourage.
Comment lire alors? Voici quelques stratégies de lecture :

▶ **Lis pour trouver l'idée générale.**

Lis rapidement le texte ou une partie du texte pour comprendre l'idée générale. Ne t'arrête pas aux mots que tu ne connais pas. Lis tout. À la fin, demande-toi ce qu'est l'idée générale. Si tu sais déjà à peu près de quoi on parle, cela t'aidera à comprendre d'autres détails à ta deuxième lecture.

▶ **Utilise le contexte.**

Continue à lire une phrase même s'il y a un ou plusieurs mots que tu ne comprends pas. Les autres mots et le contexte t'aideront peut-être à comprendre. Continue à lire les phrases suivantes même si tu n'as pas compris la première phrase.

Voici un exemple d'utilisation du contexte pour comprendre un mot :

> Que veut dire le mot «grignoter»? Lis la phrase suivante et trouve le sens du mot «grignoter».
>
> *Vous avez faim l'après-midi à l'école? Mettez toujours des choses à **grignoter** dans votre sac : des fruits, une tablette granola ou un morceau de fromage.*
>
> Il est facile de deviner que «grignoter» veut dire «manger». Les mots qui peuvent t'aider à le deviner sont : *faim, fruits, tablette granola, fromage.*

▶ **Essaie de trouver les congénères.**

Dans la langue française, il y a beaucoup de mots qui ressemblent à des mots de la langue anglaise ou d'une autre langue. Ces mots s'appellent des «congénères» ou des «mots apparentés». Trouve ces mots; ils t'aideront à comprendre le texte.

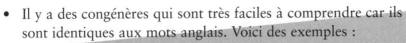

- Il y a des congénères qui sont très faciles à comprendre car ils sont identiques aux mots anglais. Voici des exemples :

  attention   ski   intelligent

  communication   patience   sentimental

- Il y a d'autres congénères qui ne sont pas tout à fait identiques aux mots anglais. Il faut un peu plus d'attention pour les trouver. Peux-tu deviner les mots anglais auxquels ressemblent les mots suivants?

  ambitieux   certainement   comprendre

  superficiel   conflit

  autonome   diamant   probabilité

  jaloux   accepter   aérobique

- Voici comment certaines terminaisons de mots français changent parfois en anglais :

français	anglais				
-ique	-ic	comique ▶	comic	fantastique ▶	fantastic
-if	-ive	sportif ▶	sportive	attentif ▶	attentive
-ant	-ing	persévérant ▶	persevering	changeant ▶	changing
-eux	-ous	nerveux ▶	nervous	aventureux ▶	adventurous
-é	-ed	déterminé ▶	determined	retiré ▶	retired
-é	-ate	passionné ▶	passionate	obstiné ▶	obstinate
-el	-al	intellectuel ▶	intellectual	superficiel ▶	superficial
-iste	-istic	pessimiste ▶	pessimistic	réaliste ▶	realistic
-ment	-ly	activement ▶	actively	extrêmement ▶	extremely
-eur	-or, our	auteur ▶	author	vapeur ▶	vapour

- On peut aussi deviner la signification de mots en combinant des congénères. Par exemple, tu comprends le mot *auto* (*automobile*) et tu comprends le mot *route*. Alors que veut dire le mot *autoroute*?

▶ Trouve les mots de la même famille.

On peut essayer de trouver la signification d'un mot en essayant de trouver à quel autre mot connu il ressemble.

> Exemples :
>
> - Le nom *confidence* ressemble à un mot anglais. Peux-tu deviner la signification du verbe *se confier*?
> - Tu connais l'adjectif *nouveau*. Que veut dire selon toi le verbe *renouveler*?

▶ Découvre la signification de mots à l'aide des préfixes et des suffixes.

Il est très utile de connaître la signification de quelques préfixes et suffixes communs, car ils peuvent nous aider à découvrir la signification de mots inconnus. Voici quelques préfixes et suffixes.

Préfixes

dé- (ou *dés-*) indique le contraire ou la négation

honneur ▶ *déshonneur*   *charger* ▶ *décharger*   *habiller* ▶ *déshabiller*

mal- indique le contraire ou le mauvais côté de quelque chose

honnête ▶ *malhonnête*   *adroit* ▶ *maladroit*   *chanceux* ▶ *malchanceux*

re- indique la répétition

lire ▶ *relire*   *partir* ▶ *repartir*   *commencer* ▶ *recommencer*

Il y a bien sûr beaucoup d'autres préfixes qui sont identiques ou qui ressemblent aux préfixes anglais et qui ont la même signification.

anti-	=	contre (antinucléaire)	pré-	=	avant (prédisposition)
circon-	=	autour (circonférence)	post-	=	après (postindustriel)
hydro-	=	eau (hydroélectrique)	thermo-	=	chaleur (thermomètre)
macro-	=	grand (macroscopique)	tri-	=	trois (triangle)
micro-	=	petit (microfiche)	zoo-	=	animal (zoologie)
néo-	=	nouveau (néologisme)			

Suffixes

-esse indique normalement une qualité

souple (adjectif)	▶ *souplesse* (nom)
riche (adjectif)	▶ *richesse* (nom)

-eur / *-euse* indique le nom d'une profession ou d'une personne faisant une action

entraîner (verbe)	▶ *entraîneur* / *entraîneuse* (nom)
jouer (verbe)	▶ *joueur* / *joueuse* (nom)

-ette est un diminutif

maison	▶ *maisonnette* (petite maison)
fille	▶ *fillette* (petite fille)

-ment indique un adverbe de manière

rapide	▶ *rapidement*
calme	▶ *calmement*

Il y a d'autres suffixes qui sont identiques ou qui ressemblent aux suffixes anglais et qui ont la même signification.

-cide	=	tuer (homicide)	-logie	=	science (biologie)
-vore	=	manger (herbivore)	-scope	=	regarder (télescope)
-graphie	=	écriture (dactylographie)	-thérapie	=	traitement (physiothérapie)

2 Pour lire une histoire (une nouvelle, un roman)

Quand tu lis, pense aux quatre éléments suivants :

**Les lieux et le temps
Les personnages
L'intrigue
Le thème**

Les lieux et le temps

Quand tu lis, identifie les détails concernant **le lieu** et **le temps** (l'époque).

Où se passe l'histoire? Localise le ou les lieux sur une carte. Imagine que tu te trouves à cet endroit.

Quand (à quelle date ou à quelle époque) se passe l'histoire? Imagine la vie à cette époque.

Les personnages

Identifie d'abord les personnages principaux, puis les personnages secondaires. Fais ensuite la connaissance des personnages et essaie de te mettre dans leur peau. Pose-toi ces questions au sujet de chacun des personnages principaux et des personnages secondaires :

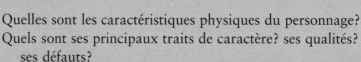

> Quelles sont les caractéristiques physiques du personnage?
>
> Quels sont ses principaux traits de caractère? ses qualités? ses défauts?
>
> De quoi parle-t-il souvent?
>
> Qu'est-ce que les autres personnages disent ou pensent de ce personnage?
>
> Quelles émotions ce personnage me laisse-t-il voir? Que ressent-il?
>
> Quels sont ses problèmes?

L'intrigue

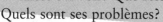

En lisant l'histoire, imagine que tu es avec les personnages de l'histoire et que tu fais partie de l'action. (Qu'est-ce qui se passe? Comment se déroulent les événements?) Quand tu lis une bonne histoire, c'est comme si tu te trouvais à bord d'un véhicule de montagnes russes : tu te laisses conduire dans une suite de montées et de descentes rapides. Voici comment cela se passe :

▶ L'histoire démarre et progressivement l'intrigue s'intensifie.

▶ Ensuite, l'histoire atteint un point culminant. C'est le moment où le suspense est à son plus haut point. Tu te demandes comment le conflit sera résolu.

▶ Puis tu assistes à une série d'événements qui résultent du conflit.

▶ Finalement, c'est le dénouement ou la conclusion de l'histoire. Le conflit prend fin de façon heureuse — ou moins heureuse.

Graphiquement, ça ressemble un peu à ceci :

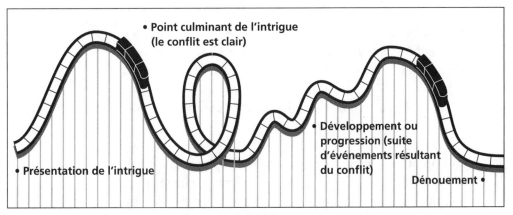

• **Point culminant de l'intrigue (le conflit est clair)**

• **Présentation de l'intrigue**

• **Développement ou progression (suite d'événements résultant du conflit)**

Dénouement •

Il y a bien sûr d'autres présentations possibles. On peut commencer par le conflit principal, ou par une scène du développement ou même par la fin. Les auteurs expérimentés utilisent différentes façons de capter l'attention des lecteurs.

Le thème

Réfléchis au thème de l'histoire. Est-ce que l'auteur/e essayait de transmettre un message? Si oui, lequel? Quelles sont tes réactions à cette histoire?

3 Pour lire et interpréter de la poésie

Lire de la poésie, un art difficile? Pas si difficile que ça si on sait comment s'y prendre. Voici quelques suggestions :

▶ On ne lit pas un poème comme on lit un roman ou un article. Le roman ou l'article utilise beaucoup de mots afin que le message soit le plus clair possible. Le poème utilise peu de mots, mais chaque mot dit beaucoup.

▶ Un poème ne se comprend pas totalement à la première lecture. Il faut lire et relire un poème pour le comprendre et l'aimer.

▶ Lire de la poésie n'est pas un exercice qui consiste à trouver le message caché. Un poème n'a pas toujours le même sens pour tout le monde.

▶ Quand on lit un poème, on se pose les questions suivantes : Quelles impressions me laisse-t-il? Quelles émotions m'inspire-t-il? Me rappelle-t-il des souvenirs?

▶ Le rythme des phrases et la combinaison des sons constituent la musique de la poésie.

▶ Quand on lit un poème, il faut chercher les liens qui existent entre les mots. «Une toile d'araignée lexicale» relie les parties du poème. Quand tu lis un poème, essaie de trouver les mots qui forment cette toile d'araignée : ils t'aideront à identifier le thème principal ou les thèmes principaux du poème.

Considère ce poème et une de ses toiles d'araignée. Félix Leclerc utilise des mots reliés à la nature pour parler de la vie.

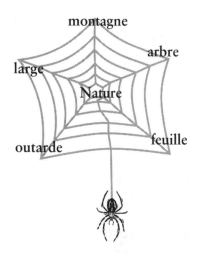

La vie
Félix Leclerc

Plus fragile que la **feuille à l'arbre**
la vie
Plus lourde que **montagne** au **large**
la vie
Légère comme plume d'**outarde**
si
Tu la lies à une autre vie
ta vie

Pourquoi une toile d'araignée? Pour «**attraper**» le lecteur ou la lectrice, comme l'araignée attrape ses proies!

IV – Stratégies d'écoute

1 Pour mieux écouter et comprendre une langue seconde

Pour comprendre une langue seconde parlée, il faut que tu acceptes de ne pas tout comprendre. C'est en écoutant qu'on développe ses capacités d'écoute. Au début, ça peut être frustrant, mais il ne faut pas que tu te décourages. Fais l'effort d'écouter et progressivement tu comprendras beaucoup plus ce que tu entends. Voici quelques stratégies pour t'aider :

Regarde bien la personne qui parle. Ses gestes et ses expressions faciales t'aideront à comprendre ce qu'elle dit.

N'aie pas peur de demander à ton interlocuteur ou à ton interlocutrice de répéter ou de parler moins vite.

> Pourriez-vous répéter, s'il vous plaît?

> Pourriez-vous parler moins vite, s'il vous plaît?

Tu peux aussi lui demander la signification d'un mot que tu ne comprends pas.

> Qu'est-ce que c'est, un «festin»?

> Qu'est-ce que ça veut dire «abruti»?

> Essaie de trouver des mots-clés qui t'aideront à deviner le sens du message.

> N'arrête surtout pas ton effort de compréhension dès que tu entends un mot que tu ne comprends pas.

> Quand tu écoutes une cassette en classe, c'est un peu plus difficile car la personne qui parle n'est pas devant toi.

C'est quand même un bon exercice. Un exercice, c'est quelque chose qui est fait pour «s'exercer», alors il est normal que tu aies de la difficulté à comprendre à la première écoute. Essaie de reconnaître quelques mots à la première écoute, puis essaie d'en reconnaître plus à la deuxième et à la troisième écoutes. Ne te décourage pas!

2 Pour mieux comprendre : quelques expressions idiomatiques

Il t'arrivera peut-être en écoutant des francophones de penser qu'ils utilisent des expressions qui n'ont pas tellement de sens. Il se peut qu'il s'agisse d'expressions idiomatiques. Une expression idiomatique est une expression qui ne se traduit pas mot à mot dans une autre langue et, par conséquent, peut te sembler bizarre si tu essaies de la traduire. Pour mieux comprendre, lis les traductions suivantes.

 C'est un vrai rat de bibliothèque. He is a real book worm.

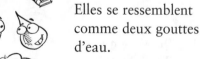 Elles se ressemblent comme deux gouttes d'eau. They're as alike as two peas in a pod.

Il pleut à seaux. It's raining cats and dogs.

Voici quelques autres expressions idiomatiques qui sont très courantes :

avoir le bras long	▶	avoir beaucoup d'influence
avoir le coeur gros	▶	être très triste, avoir envie de pleurer
avoir du pain sur la planche	▶	avoir beaucoup de travail
avoir l'estomac dans les talons	▶	avoir très faim
avoir le coup de foudre	▶	tomber amoureux / amoureuse instantanément
ce n'est pas tes oignons	▶	ce n'est pas tes affaires, ça ne te regarde pas
coûter les yeux de la tête	▶	coûter très cher
il n'y a pas un chat	▶	il n'y a personne
une nuit blanche	▶	une nuit sans sommeil
passer l'éponge	▶	oublier ce qui s'est passé, pardonner
perdre le nord	▶	perdre la raison, devenir fou
prendre quelqu'un la main dans le sac	▶	surprendre quelqu'un en train de faire une mauvaise action
faire quelque chose la semaine des quatre jeudis	▶	ne jamais faire quelque chose
une tempête dans un verre d'eau	▶	beaucoup d'agitation pour rien
tomber dans les pommes	▶	s'évanouir

3 Pour mieux comprendre : quelques structures de phrases, expressions et mots populaires de la langue canadienne-française

Tu entendras parfois des mots utilisés par les Canadiens français qui ne se retrouvent pas dans la plupart des dictionnaires. Beaucoup de ces expressions et mots populaires de la langue canadienne-française viennent de l'ancien français, de la contraction de mots ou de l'anglais. En voici quelques exemples :

asteure	▶	à cette heure, maintenant
ayoye	▶	aïe (interjection exprimant la douleur)
ben	▶	bien
une blonde	▶	une petite amie
un chum	▶	un petit ami (pour une fille); un ami
c'est l'fun	▶	c'est plaisant, amusant, divertissant
c'est pu	▶	ce n'est plus
C'est-tu (ti) fini?	▶	Est-ce fini? / Est-ce que c'est fini?
coudon(c)	▶	eh bien! / à propos / dis donc / tant pis / mais enfin
entéka	▶	en tous cas, quoi qu'il arrive, de toute façon
Envoye!	▶	Vas-y!
Envoye don!	▶	S'il te plaît! Fais ça pour moi!
une gang	▶	un groupe, une bande
Hein?	▶	N'est-ce pas? / Quoi? / Pardon?
icitte	▶	ici
j'vas	▶	je vais
mets-y	▶	mets-lui
moé / toé	▶	moi / toi
pantoute	▶	pas du tout
pis	▶	puis
you-ce que (qui)	▶	où est-ce que (qui)

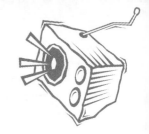

 Pour mieux comprendre : quelques particularités de la langue française parlée

Voici quelques particularités de la langue française (utilisée au Canada et ailleurs dans le monde francophone) qui pourront t'aider à mieux comprendre la langue parlée.

 Bien souvent on n'utilise pas le *ne* dans les phrases négatives.

Par exemple : *J'aime pas ça.* au lieu de *Je n'aime pas ça.*

 On utilise beaucoup d'abréviations, tant au Canada français que dans les autres pays de la Francophonie. En voici des exemples :

un/e ado ▶	un/e adolescent/e
un appart ▶	un appartement
la biblio ▶	la bibliothèque
dégueu ▶	dégueulasse
écolo ▶	écologique, écologiste
l'éduc ▶	l'éducation physique
fluo ▶	fluorescent
le gym ▶	le gymnase
la gym ▶	la gymnastique, l'éducation physique
intello ▶	intellectuel/le
un/e prof ▶	un/e professeur/e
la pub ▶	la publicité
la récré ▶	la récréation
un resto ▶	un restaurant
sensass ▶	sensationnel/le
sympa ▶	sympathique

On utilise un bon nombre d'anglicismes. En voici des exemples :

un break	▶	une pause
un/e boss	▶	un/e patron/ne
c'est cool	▶	c'est bien
le fast-food	▶	le prêt-à-manger
un fax	▶	un télécopieur ou une télécopie
un flop	▶	un échec / un fiasco
un (une) job	▶	un travail / un emploi
le look	▶	l'allure / l'apparence
un/e loser	▶	un/e perdant/e, un/e bon/ne à rien
un must	▶	ce qu'il faut faire / une obligation
un parking	▶	un stationnement
Prends ça cool!	▶	Ne t'en fais pas! / Ne t'énerve pas pour rien!
le shopping	▶	le magasinage / les emplettes / les courses
Stop!	▶	Arrête!

Dans la plupart des pays de la Francophonie, on a tendance à emprunter directement les mots de la langue anglaise sans les modifier. Au Canada français, on emprunte aussi des mots anglais en les modifiant. (C'est un usage qui est à éviter, selon beaucoup.) En voici des exemples :

booster (to boost)	▶	renforcer, survolter (une batterie)
canceller (to cancel)	▶	annuler
checker (to check)	▶	vérifier
connecter (to connect)	▶	joindre, brancher, mettre en rapport
être chargé de / être en charge de (to be in charge of)	▶	avoir la responsabilité de
être flyé/e	▶	être original

être sous l'impression de (to be under the impression of)	▶	avoir l'impression de
lousse (loose)	▶	relâché, desserré
smatte (smart)	▶	aimable, gentil
zapper	▶	changer de chaînes de télévison à l'aide de la télécommande (aussi utilisé ailleurs qu'au Canada)

Il y a aussi des mots qui existent en anglais et en français, mais qui ont des sens différents dans chacune de ces langues. (On appelle ces mots des «faux-amis».) Parfois, les francophones du Canada font l'errreur d'employer le mot au sens anglais. Voici quelques exemples :

la balance   =   un instrument pour peser

          ≠   *the balance* : le solde (le montant d'argent qui reste dans un compte)

un breuvage   =   une boisson médicamenteuse

          ≠   *a beverage* : une boisson non-alcoolisée (café, thé, boisson gazeuse)

délivrer   =   libérer

          ≠   *to deliver* : livrer (apporter son achat à l'acheteur)

V- Stratégies d'apprentissage

1 Pour travailler et apprendre en groupe

Pour apprendre le français, il est nécessaire de pratiquer, c'est-à-dire de parler le plus possible. C'EST EN PARLANT QU'ON APPREND À PARLER. C'est pour cette raison qu'on te demande souvent dans la classe de français de travailler avec un ou une partenaire ou en petit groupe. Cependant, pour travailler efficacement en groupe, il faut une certaine discipline.

Discuter en groupe

Discuter veut dire partager des idées, écouter les opinions des autres, penser tout haut, aider les autres à apprendre, résoudre des problèmes et prendre des décisions ensemble.

Discuter veut aussi dire écouter avec attention, parler clairement et poliment, s'assurer que chaque personne a l'occasion de parler, être ouvert à d'autres idées et à d'autres façons de voir les choses, être respectueux des idées des autres.

 **Travailler efficacement en groupe**

▶ **S'organiser et planifier**

- Établir les rôles de chacun et de chacune. C'est une bonne idée d'alterner les rôles régulièrement.

  - **le / la chef d'équipe** (ou **l'animateur / l'animatrice**) fait en sorte que tout le monde participe, parle à son tour, etc.
  - **le chronométreur / la chronométreuse** voit à ce que le travail soit fait dans les limites de temps données.
  - **le / la secrétaire** prend note des idées exprimées ou des solutions trouvées.
  - **le rapporteur / la rapporteuse** fait part à la classe ou au professeur ou à la professeure des résultats de la discussion ou du travail de son groupe.

  Selon le nombre de membres dans le groupe, un membre peut assumer deux rôles ou partager un rôle avec un autre membre.

- S'assurer que tout le monde comprenne bien ce qu'il y a à faire et déterminer qui va faire quoi. (Prendre en considération les goûts, les intérêts et les talents de chaque membre.)

- Décider dans quel ordre les tâches doivent être accomplies.

- Faire un horaire : décider quand chaque composante doit être terminée afin que le produit final puisse être remis ou présenté à la date prévue.

▶ **Participer**

- Parler à son tour.
- Donner l'occasion à tout le monde de s'exprimer.
- Inciter ceux et celles qui ne participent pas à participer.
- Ne pas s'écarter du sujet à discuter ou de la tâche à faire.
- Écouter les autres attentivement.
- Ne pas interrompre, sauf quand une personne s'écarte du sujet ou parle trop longtemps.

► Conclure la scéance de travail

- Déterminer et distribuer les tâches à faire avant la prochaine séance de travail.
- Déterminer, si nécessaire, la date et l'heure de la prochaine séance de travail.

► Se réunir à nouveau

- Évaluer les progrès faits jusqu'à présent. Vérifier si chaque membre du groupe a fait ce qu'il devait faire.
- Modifier, si nécessaire, le plan de travail établi afin de s'assurer que le travail soit fait à temps. (Se souvenir que, bien que chaque personne soit responsable de sa part du travail, le groupe est responsable du projet en entier. Si une personne ne fait pas sa part de travail, le groupe doit trouver un moyen de faire participer cette personne et doit faire en sorte que le travail soit fait.)

► Travailler dans une atmosphère de détente et de camaraderie

Ne pas oublier qu'il est possible de travailler efficacement tout en s'amusant.

► Quelques mots et expressions utiles

Pour travailler en groupe

Organisons-nous!

Dépêchons-nous!

Fais ton travail / Fais ta part!

Parlons moins fort!

Que puis-je faire pour vous / t'aider?

Qui veut prendre des notes? / Qui veut rapporter le résultat de notre discussion à la classe?

Qui veut être le ou la chef d'équipe?

Parlons chacun à notre tour!

Comment allons-nous nous organiser?

Qui veut faire quoi?

Qui a une idée / une suggestion?

Je ne suis pas d'accord avec cette façon de procéder.

Pour discuter en groupe

Puis-je ajouter / dire quelque chose?

Je suis d'accord.

Oui, mais ne penses-tu pas que...?

Je ne partage pas tout à fait ton opinion.

Ça, c'est une idée intéressante.

C'est intéressant ce que tu dis, mais...

Excuse-moi, mais je veux m'assurer d'avoir bien compris ce que tu as dit.

Juste une petite seconde, s'il te plaît. J'ai presque fini. (Je te laisse la parole tout de suite.)

Pour encourager

C'est bien / fantastique, ça!

Ça, c'est une bonne idée!

J'aime ton idée / ta suggestion / etc.

Nous avons fait du bon travail.

Ne te décourage pas! Ne nous décourageons pas!

Essayons encore!

Faisons un petit effort!

2 Pour chercher la traduction d'un mot dans un dictionnaire bilingue

du français à l'anglais

Quand on cherche la traduction anglaise d'un mot français dans un dictionnaire, on y trouve souvent plusieurs traductions du même mot. Il faut savoir trouver le bon sens, car tous ces mots ne veulent pas dire la même chose. Par exemple, si tu cherches le mot «chute», tu trouves ceci :

> **chute** [ʃyt] n.f. fall; loss; collapse; waterfall; drop; pitch, slope
>
> Il faut donc regarder le contexte dans lequel se trouve le mot. Imagine ce contexte : «Je descendais la rivière dans mon canot. Tout d'un coup, au loin, j'ai commencé à entendre le bruit d'une **chute**. Mon coeur a commencé à battre très vite. Que faire maintenant?» Il est clair, selon le contexte, que la seule traduction possible de *chute* est *waterfall*.

Il faut aussi chercher les mots sous la catégorie grammaticale à laquelle ils appartiennent. Par exemple, le mot *bas* peut être un adjectif (traduction : *low*), un adverbe (traduction : *low*, *softly*) ou un nom (traduction : *bottom*, *hem*, *downstairs*, *sock*, *stocking*).

de l'anglais au français

Il est plus difficile de chercher la traduction française d'un mot à partir d'un mot anglais. Pourquoi? Parce que, encore une fois, on te donne plusieurs mots parmi lesquels choisir. Le problème est que tu ne connais peut-être pas la signification de tous ces mots, alors il est plus difficile de choisir le bon mot. Certains de ces mots peuvent avoir une signification très différente de celle que tu recherches.

Disons, par exemple, que tu veuilles connaître la traduction du mot *punch*. D'abord, trouve s'il s'agit du nom ou du verbe. Disons qu'il s'agit ici du nom. Cherche sous le mot *punch* comme

nom. Tu trouveras, entre autres, les traductions suivantes : coup de poing (*blow*), poinçonneuse (*tool*) et punch (*drink*). Si tu ne fais pas attention, tu pourrais produire une phrase comme celle-ci pour demander quelque chose à boire : «J'aimerais beaucoup avoir ton coup de poing.»

Lis toujours toutes les traductions possibles. Un dictionnaire assez complet te donnera des exemples d'utilisation et t'indiquera, comme ci-dessus (*blow*, *tool*, *drink*), à quelle catégorie sémantique appartient chaque mot. Enfin, si tu n'es pas encore sûr/e d'avoir choisi la bonne traduction française, vérifie le sens du mot dans un dictionnaire unilingue français.

3 Pour enrichir son vocabulaire : la recherche de synonymes dans un dictionnaire unilingue français

Une bonne façon d'enrichir son vocabulaire est de chercher des synonymes dans un dictionnaire français. Si, par exemple, tu veux améliorer la qualité d'une histoire ou la rendre plus précise et intéressante, tu peux essayer de trouver des synonymes pour les adjectifs que tu utilises pour décrire un lieu ou un personnage.

Par exemple, pourquoi toujours utiliser l'adjectif GRAND quand on peut utiliser GÉANT, GIGANTESQUE, ÉNORME, SPACIEUX, VASTE, COLOSSAL, MONUMENTAL ou CONSIDÉRABLE? Tous ces adjectifs n'ont bien sûr pas tout à fait la même signification, mais ils sont beaucoup plus précis que GRAND, et il y en a sûrement un qui pourra servir à décrire le lieu, l'objet ou la personne que tu veux décrire.

Comment trouver des synonymes dans un dictionnaire

Voici à quoi ressemble une entrée de dictionnaire.

> grand, grande ❶ [grã , grãd]. ❷ adj. ❸ Qui est de dimensions importantes. ❹ V. ❺ Géant, gigantesque, énorme, immense.

❶ le mot (ici avec sa forme masculine et féminine)

❷ la transcription phonétique du mot. Au début du dictionnaire, tu trouveras à quel son correspond chaque symbole. La transcription phonétique aide à trouver la prononciation d'un mot que l'on ne connaît pas.

❸ la catégorie grammaticale du mot : dans ce cas, il s'agit d'un adjectif. (n.m. = nom masculin; n.f. = nom féminin; v. = verbe; adv. = adverbe; prép. = préposition; conj. = conjonction)

❹ la définition du mot

❺ V. = voir : on te suggère d'aller voir la signification de ces synonymes

4 Pour améliorer son français en dehors de la salle de classe

Tu peux améliorer tes compétences en français hors de la salle de classe. Voici quelques stratégies qui te seront peut-être utiles.

Pour améliorer l'écoute

- regarder la télévision en français
- assister à des films ou à des pièces de théâtre en français
- écouter de la musique francophone
- s'entraîner à écouter la télévision ou la radio en français en acceptant de ne pas tout comprendre

 Pour améliorer la parole

- pratiquer la langue en parlant avec d'autres élèves qui étudient le français
- ne pas avoir peur de faire des erreurs
- chercher des occasions de parler français (restaurants ou magasins français, employés fédéraux bilingues, francophones de ta région, etc.)
- travailler (par exemple comme gardien ou gardienne d'enfants) dans des familles francophones
- participer à des échanges linguistiques
- faire des exercices de prononciation avec des cassettes
- faire un effort pour apprendre régulièrement du nouveau vocabulaire et de nouvelles structures grammaticales
- faire un effort pour mémoriser des expressions idiomatiques et pour les utiliser en contexte

Pour améliorer la lecture

- lire des magazines et des journaux en français
- lire le côté français sur les emballages des produits commerciaux (recettes, modes d'emploi, etc.)
- lire des romans en français (il existe parfois des versions simplifiées de romans bien connus)
- chercher des messages en français sur l'*Internet*
- s'entraîner à lire des textes en acceptant de ne pas tout comprendre

Pour améliorer l'écriture

- rédiger un journal intime
- écrire à des correspondants francophones (par lettres ou par l'*Internet*)
- faire corriger ses textes écrits par des camarades, des francophones ou des professeurs
- prendre des notes comme aide-mémoire
- faire l'effort d'inclure des mots ou des structures grammaticales nouvellement apprises
- utiliser un dictionnaire bilingue pour trouver de nouveaux mots
- utiliser un dictionnaire unilingue pour vérifier l'usage d'un mot et son orthographe
- consulter les stratégies d'écriture et la section sur la grammaire de *avec BRIO*

5 Pour améliorer son français à l'aide de l'Internet

L'*Internet* est un réseau de réseaux informatiques : quelque 70 000 réseaux reliés entre eux à travers le monde. Une langue de communication commune, le protocole TCP-IP, permet à tous ceux qui y sont branchés de se parler quel que soit le système informatique qu'ils utilisent. Tout le monde peut se brancher à l'*Internet*, il s'agit de posséder un ordinateur et un modem.

L'*Internet* te donne la possibilité d'avoir accès à un grand nombre de sources d'information en français et de communiquer en français avec des jeunes comme toi à travers le monde. Voici donc le moyen idéal de pratiquer une langue seconde et de faire la connaissance de personnes intéressantes dans le monde entier. Les services de l'*Internet* incluent le *Usenet* qui est une collection de babillards électroniques où les gens peuvent afficher et lire des messages. Chacun de ces babillards, appelés «*newsgroups*»

ou «groupes de discussion», est consacré à un sujet particulier. Il existe un groupe de discussion qui s'appelle k12.lang.français pour les jeunes qui veulent correspondre dans la langue française. Tu trouveras à la page suivante deux messages provenant de jeunes qui ont utilisé k12.lang.français.

La meilleure façon de «naviguer dans le net» pour trouver les ressources qui sont disponibles est d'utiliser le programme *Gopher* ou *World Wide Web*. Ils te guideront vers une grande variété de sites. Tu peux y faire des recherches par mots-clés. En plus d'accéder à des informations écrites, on peut aussi accéder à des images et à des sons.

Telnet, une autre ressource d'*Internet*, te permet de consulter les fichiers électroniques de nombreuses bibliothèques, universités et organismes gouvernementaux.

Certains étudiants ont maintenant accès à *Schoolnet*, un service qui relie des réseaux éducatifs et des commissions scolaires et écoles à l'*Internet*. Si ton école a accès à *Schoolnet*, tu peux participer à des projets en collaboration avec d'autres étudiants partout au Canada et dans le monde et faire des recherches dans les bibliothèques et les bases de données du monde entier.

Alors, chers internautes, à vos souris et bonne navigation!

Tout ce qui vient avant le symbole @ est le **nom de l'utilisateur**, c'est-à-dire le nom par lequel le système reconnaît la personne qui écrit. Avec certains systèmes, on peut choisir ce nom. Mais le système d'Erin emploie toujours le prénom et le nom de famille séparés par un point.

Après le symbole @ vient l'adresse de l'ordinateur que la personne utilise. L'école d'Erin, comme beaucoup d'écoles dans le monde, appartient à un réseau qui s'appelle FidoNet. Le FidoNet est lié à l'Internet.

Ces cinq premières lignes s'appellent **l'en-tête** du message. Un logiciel de communication crée l'en-tête automatiquement. La plupart des logiciels pour lire les «newsgroups» Internet utilisent des mots anglais.

From: Erin.Egerton@f22.n134.z.lfidonet.org (Erin Egerton)
Subject: Je cherche un(e) correspondant(e)
Date: Mar 03 13:43:07 1994
Organization: FidoNet node 1:134/22 - Eagles Nest, Calgary AB
Lines: 15

Salut. Je m'appelle Erin Egerton. Je suis en septième année dans une classe d'immersion de français. J'habite à Calgary, en Alberta, au Canada.
    Je cherche un correspondant ou une correspondante qui vit dans un autre pays ou une autre région du Canada.
    J'aime la musique classique. J'aime lire. Je fais de la natation et du ski. Écris-moi, quelqu'un! Si tu ne parles pas très bien français, ça va!

Erin

Henri Van Doorn utilise ses initiales, HVD, comme nom d'utilisateur. Son ordinateur appartient au réseau «infoboard». Le «be» représente la **Be**lgique.

From: HVD@infoboard.be
Subject: Re: Je cherche un(e) correspondant(e)
Date: Mar 10 18:32:01 EST 1994
Organization: Infoboard +32-(0)2-475.29.29
Lines: 30

»Salut. Je m'appelle Erin Egerton. Je suis en septième année dans une
»classe d'immersion de français. J'habite à Calgary, en Alberta, au
»Canada.

Bonjour, Erin! Je m'appelle Henri Van Doorn et j'habite Bruxelles, en Belgique. Dans mon pays, nous avons deux langues: le français et le flamand. Ma langue maternelle est le français mais je parle aussi l'anglais et un peu l'espagnol.

»Je cherche un correspondant ou une correspondante qui vit dans un
»autre pays ou une autre région du Canada.

Je veux bien correspondre avec toi. J'adore l'Internet! C'est merveilleux d'écrire à des gens d'autres pays.

»J'aime la musique classique. J'aime lire. Je fais de la natation et du ski.

Moi aussi je fais du ski. Et je joue au tennis. J'aime lire des bandes dessinées mais je n'aime pas la musique classique; je préfère le rap. J'ai un nouvel ordinateur et je l'aime beaucoup. J'ai un chien qui s'appelle Sulimann. As-tu un chat ou un chien?

À la prochaine! :-)

-HVD

Le mot «Re:» comme sujet veut dire que Henri répond (anglais: «reply») à la lettre de quelqu'un d'autre (Erin).

Henri cite la lettre d'Erin dans sa réponse. Toutes les lignes qui commencent par le symbole » sont des citations. Les autres lignes sont écrites par Henri.

Henri sourit. (Regarde ces symboles de côté pour voir un visage souriant!)

I- Le monde francophone

Le monde francophone

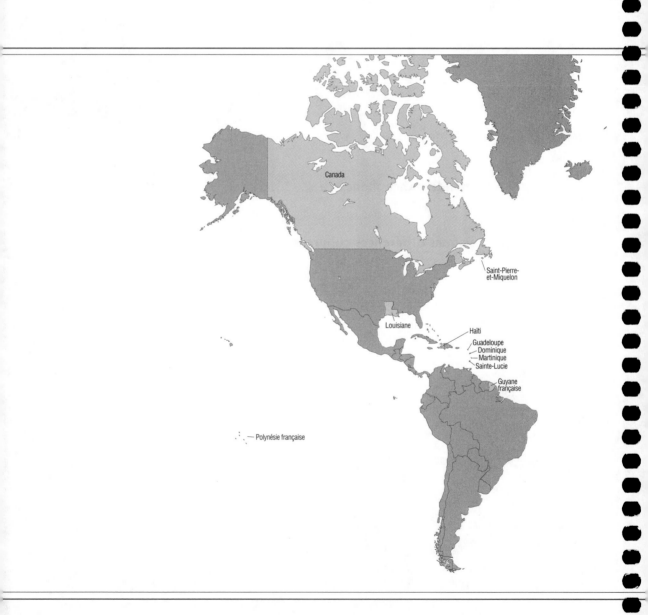

Canada

Saint-Pierre-
et-Miquelon

Louisiane

Haïti

Guadeloupe
Dominique
Martinique
Sainte-Lucie

Guyane
française

Polynésie française

La Francophonie est un ensemble de peuples très divers qui vivent sur les cinq continents et qui sont unis par la langue française. La carte ci-dessous montre les pays et les régions qui font partie de la Francophonie.

Il y a environ 120 millions de francophones dans le monde : environ 70 millions pour qui le français est la langue maternelle et 50 millions pour qui le français est la deuxième langue de communication.

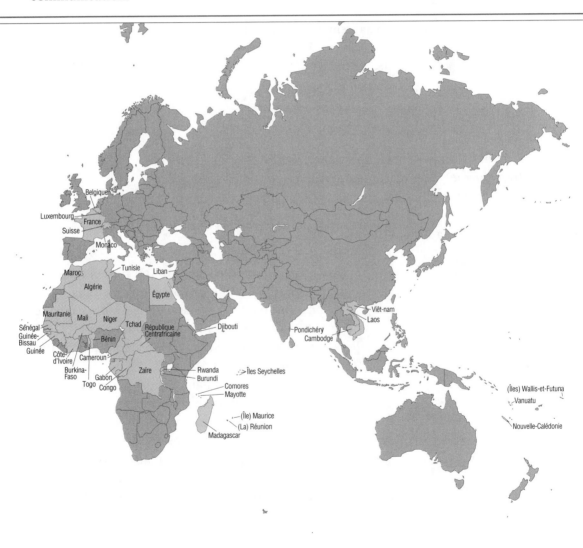

II – Quelques différences culturelles

1 Le tutoiement et le vouvoiement

T'es-tu déjà demandé quand utiliser «vous» et quand utiliser «tu»?

Si oui, lis ce qui suit.

Quand on parle à deux personnes ou plus, on utilise le pronom **vous**.

Quand on parle à une personne, on utilise le pronom **vous** (on vouvoie) si on ne connaît pas la personne ou si on parle à une personne plus âgée (par exemple, un/e enfant qui s'adresse à un/e adulte). Le pronom **vous** est employé pour exprimer la politesse ou la formalité.

On utilise le pronom **tu** (on tutoie) quand on s'adresse à une personne qu'on connaît bien (un parent, un/e ami/e) ou à une personne plus jeune (par exemple un/e adulte qui s'adresse à un/e enfant). Le pronom **tu** exprime la familiarité.

Au Canada, et dans des pays comme la Belgique, on utilise plus facilement le pronom **tu**. Les adultes n'hésitent pas à se tutoyer. Dans les écoles du Québec et dans certaines écoles francophones du Canada, les élèves tutoient souvent les professeurs. Cette pratique est moins fréquente dans les autres pays de la Francophonie.

2 Les trois repas

Si une personne francophone t'invite à dîner, demande-toi si elle veut que tu te rendes chez elle vers midi ou le soir. En effet, les francophones n'utilisent pas tous les mêmes mots pour parler des repas. Voici les différences :

	au Canada et dans de nombreux pays de la Francophonie comme la Belgique et la Suisse	en France
le matin	le déjeuner	le petit-déjeuner
le midi	le dîner	le déjeuner
le soir	le souper	le dîner

Pour ne pas faire d'erreur, demande l'heure à laquelle tu dois te rendre chez la personne qui t'invite!

3 Le système scolaire du Québec et de la France

Les institutions des différents pays du monde francophone diffèrent beaucoup. Nous te présentons ici le système scolaire du Québec et celui de la France. Tu pourras ainsi comprendre un peu mieux les histoires et les articles que tu liras dans lesquels on parle de jeunes Québécois ou de jeunes Français.

Le système scolaire du Québec

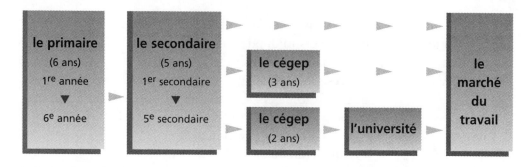

▶ L'école **primaire** comprend six niveaux : les 1re, 2e, 3e, 4e, 5e et 6e années.

▶ Ensuite, c'est l'**école secondaire**. Elle comprend cinq niveaux : les 1re, 2e, 3e, 4e et 5e secondaires (ou secondaires I, II, III, IV et V). Les *polyvalentes* sont de grandes écoles secondaires qui offrent normalement les cinq années du secondaire. Elles offrent en général aussi beaucoup plus d'options que les autres écoles secondaires, qui, elles, sont plus petites et n'offrent souvent pas tous les niveaux du secondaire.

▶ Le **cégep** (*Collège d'enseignement général et professionnnel*) est un collège qui prépare les étudiants, soit à aller à l'université dans la discipline choisie (cours de deux ans), soit à obtenir un diplôme qui leur permettra d'exercer une profession dans une technique quelconque (cours de trois ans).

▶ À l'**université**, on peut obtenir les diplômes suivants : un baccalauréat (un bac), une maîtrise, un doctorat.

Le système scolaire de la France

l'école élémentaire (élèves de 6 à 10 ans)	le collège (élèves de 11 à 14 ans)	le lycée (étudiants de 15 à 17 ans)		
le cours préparatoire ▼ le cours élémentaire I ▼ le cours élémentaire II ▼ le cours moyen I ▼ le cours moyen II	la sixième ▼ la cinquième ▼ la quatrième ▼ la troisième	lycée professionnel: la seconde ▼ la première ▼ la terminale		le marché du travail
		lycée d'enseignement général et technologique : la seconde ▼ la première ▼ la terminale	l'université	

▶ **L'école élémentaire** comprend cinq niveaux : le cours préparatoire, le cours élémentaire I, le cours élémentaire II, le cours moyen I et le cours moyen II.

▶ Tous les élèves du cours moyen II vont au **collège**. La sixième est la première année du collège, tandis que la troisième est la dernière année du collège. En sixième, les élèves apprennent une deuxième langue (l'anglais, l'espagnol ou l'allemand). En quatrième, ils choisissent une troisième langue (l'espagnol, l'allemand, l'italien, le russe, l'anglais) et quelquefois une quatrième: le latin ou le grec ancien.

▶ Il y a deux sortes de **lycées** :

- Le **lycée d'enseignement général et technologique** prépare à des baccalauréats généraux et technologiques qui permettent aux étudiants de s'inscrire dans une université. Le baccalauréat ou «bac» est un examen qui comprend deux parties : des épreuves de français écrit et oral à la fin de la première et des épreuves plus spécialisées comme les sciences, les mathématiques, la philosophie, les langues ou l'économie à la fin de la terminale.

- Le **lycée professionnel** prépare à différents diplômes professionnels comme le CAP (certificat d'aptitude professionnelle) ou le BEP (brevet d'études professionnelles) qui permettent aux étudiants d'exercer un métier comme technicien ou technicienne en informatique ou infirmier ou infirmière.

▶ À l'**université,** on peut obtenir les diplômes suivants: un DEUG (diplôme d'études universitaires générales) après deux ans, une licence après trois ans ou une maîtrise après quatre ans, un DESS (diplôme d'études supérieures spécialisées) ou un DEA (diplôme d'études approfondies) et enfin un doctorat.

> **Remarque** : Souvent, les élèves de la France ont congé le mercredi après-midi et le samedi après-midi.

Langue

I – Vocabulaire utile

1 Vocabulaire utile

Tu trouveras ci-dessous des mots de vocabulaire par sujet. Sous chacun de ces sujets se trouvent des mots que tu connais déjà pour la plupart, mais que tu as peut-être oubliés. (Tu pourras trouver la signification des autres dans le lexique à la fin de ce guide.) Familiarise-toi avec ces sujets. Quand tu auras besoin de décrire un lieu, une personne, une chose ou un événement, consulte la liste de mots qui se trouvent sous les sujets pertinents. De cette manière, tu n'auras pas à utiliser un dictionnaire bilingue trop souvent. Par exemple :

- Tu veux décrire un paysage? Consulte les sujets suivants :

couleurs	météo	nature	ville

- Tu veux décrire ta vie? Consulte les sujets suivants :

école	famille	loisirs	maison

- Tu veux décrire tes goûts? Consulte les sujets suivants :

couleur	loisirs	nourriture et	sports
école	musique	boissons	vêtements

- Tu veux décrire une personne? Consulte les sujets suivants :

émotions, sentiments, attitudes	personnes : description physique
famille	et description de la
loisirs	personnalité et du comportement
métiers et professions	

► Animaux

animaux domestiques	animaux de la ferme
un canari	un bouc, une chèvre
un chat / une chatte	un cheval, une jument, un poulain, une pouliche
un chien / une chienne	
un cochon d'Inde	un cochon, une truie
une gerbille	un mouton, une brebis, un agneau
un hamster	un taureau (un boeuf), une vache, un veau
un lapin	
une perruche	
un poisson rouge	un coq, une poule
une tortue	un dindon, une dinde

► Argent

l'argent canadien

1 $ = un dollar / une piastre (mot familier)

1 ¢ = un cent / un sou / une pièce d'un cent / une cenne (mot familier)

0,35 $ / 35 ¢ = trente-cinq cents

4,75 $ = quatre dollars (et) soixante-quinze (cents)

une pièce de vingt-cinq (dix, cinq) cents / un vingt-cinq sous (un dix sous, un cinq sous)

une pièce d'un dollar (un huard) / de deux dollars

un billet de cinq dollars

un trente-sous (mot familier) = une pièce de vingt-cinq cents

l'argent français, belge, suisse

un franc = 100 centimes

1,40 F = un franc quarante (centimes)

> Remarque : Le franc français, belge et suisse n'ont pas la même valeur par rapport à la devise canadienne.

calendrier

un jour = 24 heures
une semaine = 7 jours
un mois = 28, 29, 30 ou 31 jours
un an = 12 mois = 52 semaines = 365 ou 366 jours
une décennie = 10 ans
un siècle = 100 ans
un millénaire = 1000 ans

les jours de la semaine	les mois de l'année	les saisons
lundi, mardi, mercredi, jeudi, vendredi, samedi, dimanche	janvier, février, mars, avril, mai, juin, juillet, août, septembre, octobre, novembre, décembre	le printemps, l'été l'automne, l'hiver

pour exprimer la date

Quelle est la date aujourd'hui? ▶ Aujourd'hui, c'est mardi le 1er (premier) mars 1996.

Aujourd'hui, c'est quel jour? ▶

Nous sommes quel jour? ▶ Nous sommes le jeudi 14 (quatorze) juin 1996.

Au début d'une lettre, on écrit la date comme suit :
Le 13 mars 1996
Winnipeg, le 13 mars 1996

Attention!

Pour indiquer qu'un événement va se passer une fois un certain jour, on utilise le jour sans article :

*Sylvia arrive **lundi** (matin).*
***Mercredi** (soir), nous allons au restaurant.*

Pour indiquer que quelque chose se passe régulièrement un certain jour, on utilise l'article *le* :

***Le lundi**, je regarde souvent le football à la télévision.*
*Nous allons souvent au cinéma **le samedi**.*

au mois de janvier (1925) = en janvier (1925)

dans les années soixante = entre 1960 et 1970

au onzième (XIe) siècle

En (l'an) 50 avant Jésus-Christ (av. J.-C.)
En (l'an) 50 après Jésus-Christ (ap. J.-C.)

corps humain

la tête

le front
les cheveux (m)
les yeux (un oeil)
les sourcils (m)
les cils (m)
les oreilles (f)
le nez
les joues (f)
la bouche
la barbe
la moustache
le cou

le haut du corps

les épaules (f)
les bras (m)
les coudes (m)
les poignets (m)
les mains (m)
les doigts (m)
   (le pouce, l'index, le majeur,
   l'annulaire, l'auriculaire)
la poitrine
la taille
le ventre
le dos

le bas du corps

les hanches (f)
les fesses (f)
les jambes (f)
les cuisses (f)
les genoux (m)
les mollets (m)
les chevilles (f)
les pieds (m)
les talons (m)
les orteils (m)

dans le corps

le cerveau
les poumons (m)
le coeur
l'estomac (m)
les intestins (m)
les veines (f)
les artères (f)
les muscles (m)
les os (m)

couleurs

- beige

- blanc / blanche
  - ivoire
  - nacré

- bleu/e
  - azur
  - bleu ciel
  - bleu marine
  - indigo
  - saphir
  - turquoise

- brun/e, marron
  - châtain
  - chocolat
  - cuivré/e
  - fauve
  - kaki
  - noisette

- gris / grise
  - argent
  - gris acier
  - gris perle

- jaune
  - doré/e
  - jaune citron
  - jaune moutarde
  - jaune safran
  - or

- noir/e
  - ébène

- orange
  - abricot
  - orangé/e
  - pêche

- rouge
  - écarlate
  - pourpre
  - rouge cerise
  - rouge fraise
  - rouge sang
  - rubis

- rose
  - corail
  - saumon

- vert/e
  - émeraude
  - jade
  - vert bouteille
  - vert limette
  - vert olive
  - vert pomme

- violet/te
  - mauve
  - prune

Pour préciser la couleur, on peut utiliser les adjectifs suivants :
  - clair / sombre
  - pâle / foncé
  - vif (ardent) / tendre

Exemple : *une chemise vert foncé*

Attention!

Les adjectifs de couleur s'accordent en genre et en nombre avec le nom (*des chaises brunes, une chemise bleue*). Cependant :

- les adjectifs composés sont invariables (*Des chapeaux bleu foncé. Des murs vert olive.*)

- les noms employés comme adjectifs sont aussi invariables. (*Des souliers argent. Des rubans orange. Une chemise kaki.*)

école (cours / matières, salles, personnel)

cours / matières

l'anglais
les arts (plastiques)
les arts industriels
l'économie domestique
   (les arts ménagers)
l'éducation physique
la formation personnelle
   et sociale
le français
la géographie
l'histoire
l'informatique
les mathématiques
la musique
la religion (la morale)
les sciences (la biologie,
   la physique, la chimie)

salles

la bibliothèque
le bureau (de l'école)
le bureau du directeur / de la directrice
la cafétéria
la (salle de) classe
le gymnase
l'infirmerie
le laboratoire (de sciences)
la salle (la classe) d'art, de musique, etc.
la salle des professeurs

personnel

le / la bibliothécaire
le / la concierge
le conseiller / la conseillère
   (d'orientation)
le cuisinier / la cuisinière
le directeur / la directrice
le directeur adjoint / la directrice
   adjointe
l'entraîneur / l'entraîneuse de
   basket-ball, de volley-ball, etc.
l'infirmier / l'infirmière
l'orienteur / l'orienteuse
un / une professeur/e de musique, de
   français, etc.
le / la secrétaire

émotions, sentiments, attitudes

Nom	Adjectif	Nom	Adjectif
l'action / l'activité	actif / active	l'indépendance	indépendant/e
l'amusement	amusant/e	l'indignation	indigné/e
l'arrogance	arrogant/e	l'inquiétude	inquiet / inquiète
le bonheur	heureux / heureuse, content/e	l'insensibilité	insensible
		l'insouciance	insouciant/e
le calme	calme	la jalousie	jaloux / jalouse
le charme	charmant/e	la joie	joyeux / joyeuse
la colère	fâché/e	la malhonnêteté	malhonnête
la dépression	déprimé/e	la mélancolie	mélancolique
le désespoir	désespéré/e	la modestie	modeste
la douceur	doux / douce	la nervosité	nerveux / nerveuse
la drôlerie	drôle	l'optimisme	optimiste
le dynamisme	dynamique	la patience	patient/e
l'égoïsme	égoïste	la perplexité	perplexe
l'ennui	ennuyeux / ennuyeuse	le pessimisme	pessimiste
		la rébellion	rebelle
l'entêtement	têtu/e	la réserve	réservé/e
l'enthousiasme	enthousiaste	la révolte	révolté/e
l'esprit artistique	artistique	le romantisme	romantique
la fidélité	fidèle	la sensibilité	sensible
la frustration	frustré/e	le sérieux	sérieux / sérieuse
la générosité	généreux / généreuse	la sincérité	sincère
		la sympathie	sympathique
l'honnêteté	honnête	le talent	talentueux / talentueuse
l'hypocrisie	hypocrite	la tristesse	triste, malheureux / malheureuse
l'impatience	impatient/e		

▶ famille

un père, une mère (les parents)
un fils, une fille (les enfants)

un frère, une soeur
un (frère) jumeau, une (soeur) jumelle
un grand-père, une grand-mère (les grands-parents)

un petit-fils, une petite-fille (les petits-enfants)
un arrière-grand-père, une arrière-grand-mère (les arrière-grands-parents)
un arrière-petit-fils, une arrière-petite-fille (les arrière-petits-enfants)

un oncle, une tante
un neveu, une nièce

un beau-père, une belle-mère
un beau-fils (un gendre), une belle-fille (une bru)
un beau-frère, une belle-soeur

Attention!

Un *beau-père* a deux sens possibles selon le contexte : *Son beau-père* peut signifier *le père de sa femme* dans le cas d'un homme marié ou *le mari de sa mère* dans le cas d'un enfant dont la mère a divorcé et s'est remariée. (C'est la même chose pour *la belle-mère.*)

De même, *son beau-fils* peut signifier *le mari de sa fille* pour un père ou une mère ou *le fils de son mari ou de sa femme* pour un homme ou une femme qui a divorcé et s'est remarié. (C'est la même chose pour *la belle-fille.*)

Les mots *son gendre* et *sa bru* signifient seulement *le mari de sa fille* et *la femme de son fils* respectivement.

Les enfants provenant de deux mariages différents s'appellent des *demi-frères* et des *demi-soeurs*.

ferme

bâtiments

une bergerie
une écurie
une étable
une grange
un hangar
une laiterie
une porcherie
un poulailler
une serre
un silo

extérieur

un champ {
d'avoine
de blé
de maïs / de blé d'Inde
d'orge
de seigle
}

une clôture
une cour
un jardin potager
un pâturage
un verger

fêtes, célébrations

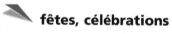

le Jour de l'an	le 1er janvier
la fête des Rois	le 6 janvier
la Saint-Valentin	le 14 février
le Mardi gras	en février ou mars
la Saint-Patrick	le 17 mars
le mercredi des Cendres	en mars ou en avril (40 jours avant Pâques)
le Vendredi saint	en mars ou avril
Pâques	en mars ou avril
la Pâque (juive)	en mars ou avril
la fête des Mères	en mai
la fête de la Reine	le 24 mai (au Québec, aussi appelé la fête de Dollard des Ormeaux)
la fête des Pères	en juin
la Saint-Jean-Baptiste	le 24 juin (fête des Canadiens français)
la fête du Canada	le 1er juillet
la fête de la Bastille	le 14 juillet (fête nationale de la France)
la fête du Travail	le premier lundi de septembre au Canada
Rosh Hashana	en septembre
Yom Kippur	en octobre

le jour de l'Action de grâce(s)	▶ le deuxième lundi d'octobre
l'halloween	▶ le 31 octobre
le jour du Souvenir	▶ le 11 novembre
Hanukkah	▶ en décembre
Noël	▶ le 25 décembre

un anniversaire (de naissance) / une fête
un anniversaire de mariage
un mariage
une naissance

Consulte **Heure** (page 138).

▶ heure

▶ informatique

L'informatique, c'est tout ce qui touche à l'ordinateur.

mots utiles

un ordinateur : un clavier
un disque compact
un disque dur
un écran
un logiciel
un modem
une souris

expressions utiles

couper, copier, coller
faire la mise en page
faire un en-tête, faire un pied de page
insérer un tableau
imprimer
mettre en mémoire / enregistrer
ouvrir / fermer un dossier

pour utiliser l'*Internet*

On *se branche* à l'*Internet*.
On *navigue* dans le *Net* (dans le *cyberespace*). / On *surfe* sur le *Net*.
Les personnes qui se servent de l'*Internet* s'appellent des *internautes*.

Mots utiles :
un babillard électronique
une base de données
un fichier électronique
un groupe de discussion

un programme
un réseau
un site

loisirs

le bricolage
le cinéma

les collections {
  d'affiches / de posters
  de bandes dessinées
  de cartes de baseball
  d'écussons
  de timbres
}

la couture
la danse
le dessin
le jardinage

les jeux électroniques
la lecture
les modèles réduits
la musique
la peinture
la photographie
la poterie
le sport
la télévision
le théâtre

maison

types d'habitation

un appartement
une case (habitation en matériaux
  légers des pays chauds)
un chalet
un château
un condominium (un condo)
un duplex
un hôtel
une hutte

un igloo
une maison
une maison en rangée
un studio
un taudis
un tipi (tente des autochtones
  d'Amérique du Nord)
une tour d'habitation
un triplex

pièces

un atelier
un boudoir
une buanderie / une salle de lavage
une chambre (à coucher)
une cuisine
un garage

une salle à manger
une salle de bains
une salle de jeux
un salon
un sous-sol
un vestibule

appareils ménagers

un aspirateur / une balayeuse
un congélateur
une cuisinière
un fer à repasser
un four
un four à micro-ondes
un grille-pain
une laveuse / une machine à
   laver / un lave-linge
une machine à laver la vaisselle /
   un lave-vaisselle
un réfrigérateur / un frigo
une sécheuse

une chaîne stéréo :
   un amplificateur
   un haut-parleur / une enceinte
     acoustique
   un lecteur de disques compacts /
     de CD
   un tourne-disque
un magnétoscope
une radio / un poste de radio
un répondeur téléphonique
un téléphone
un téléviseur / un poste de télévision

meubles

une armoire
une bibliothèque
un buffet
un bureau
une chaise
une commode
des étagères
un fauteuil
un lit
un placard
un sofa / un divan / un canapé
une table
une table de nuit

articles divers

un balai
une corbeille à papiers
un interrupteur
un lustre / un plafonnier / un luminaire
un porte-ordures / un porte-poussières /
   une pelle à ordures
une prise de courant
une poubelle
une vadrouille

▲ météo

le temps

Il fait

Le temps est
{
beau.
mauvais.
chaud.
frais.
froid.
glacial.
humide.
}

Le temps est
{
ensoleillé.
couvert / gris /
nuageux.
}

le brouillard	▶	Il fait du brouillard.
la grêle	▶	Il grêle.
la neige	▶	Il neige.
l'orage	▶	Il fait orageux.
la pluie	▶	Il pleut.
le soleil	▶	Il fait soleil. / C'est ensoleillé.
le vent	▶	Il fait du vent. / Il vente.
le verglas	▶	Il y a du verglas.

la température

Il fait 6°.	▶	Il fait six (degrés).
Il fait 6°C.	▶	Il fait six degrés Celsius.
Il fait -14°.	▶	Il fait moins quatorze (degrés). / Il fait quatorze (degrés) au-dessous de zéro / sous zéro.

métiers et professions

Note : La féminisation des métiers et professions ci-dessous est celle proposée par l'Office de la langue française du Québec.

un...	une...	un...	une...
A	**A**	**C**	**C**
agent de bord	agente de bord	camionneur	camionneuse
agent de voyage	agente de voyage	cardiologue	cardiologue
agriculteur	agricultrice	cartographe	cartographe
analyste	analyste	charpentier	charpentière
analyste financier	analyste financière	chauffeur (de taxi, etc.)	chauffeuse
animateur	animatrice	chercheur	chercheuse
annonceur	annonceure	chimiste	chimiste
archéologue	archéologue	chiropraticien	chiropraticienne
architecte	architecte	chirurgien	chirurgienne
arpenteur	arpenteuse	coiffeur	coiffeuse
auteur	auteure	commis	commis
avocat	avocate	comptable	comptable
		concierge	concierge
B	**B**	conseiller (juridique)	conseillère
banquier	banquière	consultant (en ...)	consultante
bibliothécaire	bibliothécaire	contremaître	contremaîtresse
biologiste	biologiste	contrôleur (de la circulation aérienne)	contrôleuse
boucher	bouchère	commis-vendeur	commis-vendeuse
		couturier	couturière

un...	une...	un...	une...
D	**D**	**H**	**H**
danseur	danseuse	historien	historienne
dentiste	dentiste	hygiéniste	hygiéniste
dessinateur	dessinatrice	dentaire	dentaire
détective	détective	huissier	huissière
diététicien	diététicienne		
diplomate	diplomate	**I**	**I**
directeur (de...)	directrice	infirmier	infirmière
docteur	docteure	informaticien	informaticienne
		ingénieur	ingénieure
E	**E**	instructeur	instructrice
écrivain	écrivaine	interprète	interprète
économiste	économiste		
éducateur	éducatrice	**J**	**J**
électricien	électricienne	journaliste	journaliste
embaumeur	embaumeuse	juge	juge
employé	employée		
(de banque)		**M**	**M**
enseignant	enseignante	machiniste	machiniste
entraîneur	entraîneuse	maire	mairesse
entrepreneur	entrepreneuse	mannequin	mannequin
ergothérapeute	ergothérapeute	manoeuvre	manoeuvre
expert-	experte-	marchand	marchande
comptable	comptable	marin	marin
		matelot	matelot
F	**F**	mécanicien	mécanicienne
facteur	factrice	médecin	médecin
forgeron	forgeronne	menuisier	menuisière
fournisseur	fournisseuse	météorologiste	météorologiste
		metteur en scène	metteuse en scène
G	**G**	modiste	modiste
gardien	gardienne	moniteur	monitrice
géologue	géologue	monteur	monteuse
géomètre	géomètre		
gérant	gérante	**N**	**N**
graphiste	graphiste	naturopraticien	naturopraticienne
guide	guide	notaire	notaire

un...	une...	un...	une...
O	**O**	**R**	**R**
opérateur sur ordinateur	opératrice sur ordinateur	radiologiste (radiologue)	radiologiste (radiologue)
optométriste	optométriste	rédacteur	rédactrice
orfèvre	orfèvre	représentant (des ventes)	représentante
orienteur	orienteuse		
ouvrier	ouvrière	réviseur	réviseure
P	**P**	**S**	**S**
paysagiste	paysagiste	scientifique (en...)	scientifique
peintre	peintre	sculpteur	sculpteure
pharmacien	pharmacienne	secrétaire	secrétaire
photographe	photographe	soldat	soldate
pilote	pilote	statisticien	statisticienne
plombier	plombière	superviseur	superviseure
poète	poète	surintendant	surintendante
policier	policière		
politicien	politicienne	**T**	**T**
pompier	pompière	tailleur	tailleuse
procureur	procureure	technicien	technicienne
professeur	professeure	traducteur	traductrice
programmeur	programmeuse	traiteur	traiteuse
promoteur	promotrice	travailleur social	travailleuse sociale
psychiatre	psychiatre		
psychologue	psychologue	**V**	**V**
		vétérinaire	vétérinaire
		vice-président	vice-présidente

moyens de transport

dans la rue / sur la route

un autobus / un bus
une automobile / une auto /
   une voiture
une bicyclette / un vélo
une calèche
un camion
une camionnette

une chaise roulante
un cheval
une motocyclette / une moto
une motoneige
un taxi
un véhicule tout-terrain

---

sur l'eau

un aéroglisseur / un hydroglisseur
un bateau
un traversier

sur les rails

un train
un T.G.V. (un train à grande vitesse)
un tramway / un tram

---

dans l'eau

un sous-marin

sous la terre

un métro

---

dans les airs

un avion
un ballon / une montgolfière
une fusée
un hélicoptère

un hydravion
un planeur
un vaisseau spatial

Attention!

Pour indiquer qu'on utilise un
moyen de transport on emploie la préposition *en* :

Je vais à Ottawa en
{
  auto.
  autobus.
  avion.
  train. (On dit aussi *par le train*.)

Exceptions :
    à bicyclette, à cheval, à moto, à motoneige, à pied

musique

types de musique

l'alternatif	le heavy metal	le reggae
le classique	le jazz	le rock
le country	le rap	

---

instruments de musique

à clavier
un accordéon
un clavecin
un orgue
un piano
un synthétiseur

à cordes
un banjo
une contrebasse
une guitare
  (acoustique /
  électrique)
une mandoline
un violon
un violoncelle

à percussion
une batterie
une caisse
un carillon
des castagnettes (f)
des cymbales (f)
un gong
un tambour
une timbale
un xylophone

à vent
• les cuivres
  un clairon
  un cor d'harmonie
  un cornet
  un trombone
  une trompette
  un tuba
• les bois
  un basson
  une clarinette
  un cor anglais
  une flûte
  un hautbois
  un piccolo
  un saxophone

Attention!

Pour dire qu'on joue d'un
instrument de musique, on emploie la préposition *de* :

Je joue
{
  du trombone.
  de l'harmonica.
  de la guitare.
  des castagnettes.

nature

le ciel

une étoile
une galaxie
la lune
un nuage
une planète
le soleil

l'eau

une baie
une chute
un étang
un fleuve
un geyser
un golfe
un iceberg
un lac

une lagune
un marais
une mer
un océan
une rivière
un ruisseau
une vague

la terre

un continent
une île

une chaîne de
   montagnes
une colline
une crevasse
une falaise
un glacier
une grotte
une montagne

un pic
une plage
une plaine
un plateau
un précipice
un récif
une vallée
un volcan

un désert
une oasis

une pierre
une roche
un rocher
du sable
de la terre

un bois
une forêt
une jungle
une prairie

la végétation

les arbres

un bouleau
un cèdre
un cerisier
un chêne
une épinette
un érable
un frêne
un hêtre
un marronnier
un noyer

un orme
un palmier
un peuplier
un pin
un poirier
un pommier
un sapin
un saule
un tilleul
un tremble

les fleurs

une azalée
un bégonia
un coquelicot
une jacinthe
une jonquille
un géranium
un iris
un lis
une marguerite

du muguet
un nénuphar
un oeillet
une pensée
un pétunia
une pivoine
une rose
une tulipe
une violette

nombres

nombres cardinaux

0	zéro	23	vingt-trois	81	quatre-vingt-un
1	un	24	vingt-quatre	82	quatre-vingt-deux
2	deux	25	vingt-cinq	90	quatre-vingt-dix
3	trois	26	vingt-six	91	quatre-vingt-onze
4	quatre	27	vingt-sept	92	quatre-vingt-douze
5	cinq	28	vingt-huit		
6	six	29	vingt-neuf	100	cent
7	sept	30	trente	101	cent un
8	huit	31	trente et un	102	cent deux
9	neuf	32	trente-deux	200	deux cents
10	dix	40	quarante	201	deux cent un
11	onze	41	quarante et un	202	deux cent deux
12	douze	42	quarante-deux	300	trois cents
13	treize	50	cinquante	400	quatre cents
14	quatorze	51	cinquante et un	500	cinq cents
15	quinze	52	cinquante-deux	600	six cents
16	seize	60	soixante	700	sept cents
17	dix-sept	61	soixante et un	800	huit cents
18	dix-huit	62	soixante-deux	900	neuf cents
19	dix-neuf	70	soixante-dix	1 000	mille
20	vingt	71	soixante et onze	2 000	deux mille
21	vingt et un	72	soixante-douze		
22	vingt-deux	80	quatre-vingts		

1994	▸ mille neuf cent quatre-vingt-quatorze *ou* dix-neuf cent quatre-vingt-quatorze
2004	▸ deux mille quatre
10 000	▸ dix mille
100 000	▸ cent mille
100 001	▸ cent mille un
101 000	▸ cent un mille
1 000 000	▸ un million
2 000 000	▸ deux millions

200 000 000	▶	deux cents millions
220 000 000	▶	deux cent vingt millions
1 000 000 000	▶	un milliard
2 000 000 000	▶	deux milliards
1 000 000 000 000	▶	un billion
2 000 000 000 000	▶	deux billions

nombres ordinaux

premier (1er) / première (1re)

deuxième (2e)

troisième (3e)

quatrième (4e)

cinquième (5e)

sixième (6e)

septième (7e)

huitième (8e)

neuvième (9e)

dixième (10e)

onzième (11e)

douzième (12e)

vingt et unième (21e)

six cent vingtième (620e)

etc.

nourriture et boissons

boissons

de la bière

de la boisson gazeuse

du café

du chocolat

du coca / du coke

de l'eau { gazeuse / minérale

du jus { d'orange / de pamplemousse / de pomme / de raisin

du lait

du lait fouetté / frappé

de la limonade

du thé

du vin

desserts

un beigne / un beignet

un biscuit (au beurre d'arachides, etc.)

une brioche

de la compote de pommes

une crêpe

un flan

un gâteau (au chocolat, etc.)

une gaufre

de la glace / de la crème glacée (aux fraises, etc.)

un pouding

une salade de fruits

un sorbet (à la framboise, au citron, etc.)

une tarte (aux abricots, aux fraises, etc.)

épices, condiments

de l'ail
du gingembre
de l'huile
du ketchup
de la mayonnaise

de la menthe
de la moutarde
du piment
du poivre

de la relish
du sel
du vinaigre
de la vinaigrette

fruits

un abricot
un ananas
une arachide / une
   cacahuète
un bleuet / une myrtille
un cantaloup
une cerise
un citron
une citrouille

une datte
une figue
une fraise
une framboise
un kiwi
une mandarine
un melon
une noisette
une noix

une olive
une orange
un pamplemousse
une pastèque
une pêche
une poire
une pomme
du raisin
une tomate

légumes

une asperge
un avocat
une betterave
une carotte
du céleri
un champignon
un chou
un chou-fleur
un concombre
un cornichon
des épinards
des haricots
  (blancs / verts)

une laitue
un navet
un oignon
des petis pois
un poivron vert / rouge
une pomme de terre
   des frites

des pommes de terre $\begin{cases} \text{bouillies / à l'eau} \\ \text{au four} \\ \text{en purée} \end{cases}$

un radis

soupe

une soupe $\begin{cases} \text{aux légumes} \\ \text{à l'oignon} \\ \text{de poissons} \end{cases}$

oeufs

un oeuf { brouillé
à la coque
au / sur le plat
poché

une omelette

pâtes

des nouilles
des ravioli { à la sauce tomate
des spaghetti { à la viande

poissons et fruits de mer

du flétan	du thon	des crevettes
de la morue	de la truite	du homard
des sardines		des huîtres
du saumon	du caviar	des moules
de la sole	du crabe	des pétoncles

les produits laitiers

du beurre
de la crème glacée / une glace
du fromage
un yogourt / un yaourt

viandes

du bacon

une côte { d'agneau
une côtelette { de boeuf
un filet { de porc
un rôti { de veau

des cretons
du canard
de la dinde
du jambon

un hamburger
un hot-dog
du lapin
du pâté
du poulet
du salami
de la saucisse
du saucisson

un steak { bien cuit
à point
saignant

autres aliments

un bagel
une baguette
des céréales (d'avoine, de blé, de riz)
de la confiture (d'abricots, de
 fraises, etc.)
un croissant
de la marmelade d'oranges
un muffin
du pain (blanc, au blé entier, de
 seigle, etc.)

un petit pain
une pizza
une quiche
un ragoût
une salade
de la sauce (barbecue, etc.)
du sirop (d'érable, de maïs, etc.)
une tourtière

personnes : description physique et description de la personnalité et du comportement

description physique

Il / Elle mesure *un mètre quatre-vingts (1 m 80)*.
Il / Elle mesure *quatre pieds cinq pouces (4 pi et 5 po)*.

Il / Elle pèse *45 kilogrammes (45 kg)*.
Il / Elle pèse *120 livres (120 lb)*.

Il / Elle est

athlétique.
beau / belle.
costaud.
en forme.
faible.
fort/e.
grand/e.
gras / grasse.
gros / grosse.
maigre.
mince.
musclé/e.
resplendissant/e.
petit/e.
en (bonne /
 mauvaise) santé.
sportif / sportive.

Il / Elle a le teint

foncé.
pâle.

Il / Elle a les cheveux

blonds.
bruns.
châtains.
roux.

bouclés / frisés.
raides.

courts.
longs.

en brosse.

description de la personnalité et du comportement

actif / active
aimable
ambitieux / ambitieuse
amical/e
amorphe
amoureux / amoureuse
anxieux / anxieuse
autonome
aventureux / aventureuse
bon/ne
brave
calme
capricieux / capricieuse
changeant/e
chaud/e
chevaleresque
colérique
compatissant/e
conciliant/e
corrompu/e
courageux / courageuse
cruel / cruelle
débrouillard/e
déprimé/e
déterminé/e
digne
doux / douce
dur/e
égocentrique
égoïste
énergique
énervé/e
enjoué/e
étourdi/e
extravagant/e
fantasque
fidèle
froid/e

futile
généreux / généreuse
gentil / gentille
honnête
humain/e
hypocrite
idéaliste
idiot/e
impatient/e
imprudent/e
impulsif / impulsive
inconséquent/e
inconstant/e
indulgent/e
inébranlable
infatigable
insensible
insouciant/e
intellectuel / intellectuelle
intelligent/e
intrépide
irresponsable
jaloux / jalouse
jovial/e
juste
magnanime
maladroit/e
malhonnête
malin / maligne
masochiste
maussade
méchant/e
méfiant/e
modeste
mûr/e
nerveux / nerveuse
noble
observateur / observatrice

obstiné/e
optimiste
orgueilleux / orgueilleuse
original/e
paresseux / paresseuse
passionné/e
persévérant/e
perspicace
pessimiste
peureux / peureuse
poli/e
prétentieux / prétentieuse
prudent/e
réfléchi/e
résolu/e
respectueux / respectueuse
responsable
robuste
rusé/e
sensé/e
sensible
sentimental/e
sérieux / sérieuse
simple
sombre
souple
studieux / studieuse
superficiel / superficielle
taciturne
tendre
tolérant/e
vaniteux / vaniteuse

Consulte aussi **Émotions, sentiments, attitudes** (page 90).

Comment ça va?
{
Ça va très bien, merci.
Ça ne va pas trop mal.
Ça ne va pas trop bien.
Ça pourrait aller mieux.
Ça ne va pas du tout.
}

les maladies et les malaises

J'ai mal
{
aux dents
au dos.
à l'estomac.
à la gorge.
aux oreilles.
au(x) pied(s).
à la tête.
au ventre.
}

J'ai un (mauvais) rhume.
J'ai le nez qui coule.
J'éternue souvent.
J'ai de la fièvre.
Mes muscles me font mal.

J'ai une (terrible) grippe.
Je tousse beaucoup.
J'ai mal à la gorge.

J'ai la rougeole / les oreillons / etc.
Je souffre du cancer / d'épilepsie / etc.
Je me suis fait une entorse / une coupure / etc.

quelques maladies

les allergies	la crise cardiaque	le rhume
l'appendicite	l'épilepsie	la rougeole
l'asthme	la grippe	le sida
la bronchite	la mononucléose	l'ulcère de l'estomac
le cancer	les oreillons	la variole
la coqueluche	la pneumonie	

quelques blessures

un bras cassé, une jambe cassée
une brûlure
une coupure
une entorse
une éraflure
une foulure
des ligaments distendus

quelques handicaps

nom		adjectif
la cécité	▶	aveugle
la mutité	▶	muet / muette
la myopie	▶	myope (qui voit mal de loin)
la paralysie	▶	paralysé/e
la presbytie	▶	presbyte (qui voit mal de près)
la surdité	▶	sourd/e (malentendant/e)

sports

sports d'équipe

l'aviron (m)
la balle molle
le base-ball
le basket-ball / le basket / le ballon-panier
la crosse
le curling

le football / le football américain
le hockey
le soccer (en Amérique) / le football ou le foot (en Europe)
le volley-ball / le ballon volant
la voile
le water-polo

sports individuels (ou qui se pratiquent avec un/e partenaire)

l'alpinisme (m)
l'athlétisme (m)
le badminton
le billard
le bowling / les quilles
la course à pied (le jogging)
la course automobile
le cyclisme
la danse aérobique
l'équitation (f)
l'escrime (f)
le golf

l'haltérophilie (f)
le judo
le karaté
le karting
la lutte
la natation
le patin { à roulettes / à roues alignées
le patinage { artistique / de vitesse
le ping-pong / le tennis de table
la planche à roulettes / le rouli-roulant

la gymnastique
la planche à voile
le plongeon
le racquet-ball
le ski { alpin
        { de fond / nordique

le ski nautique
le squash
le surf
le surf des neiges / la planche à neige
le tennis
le tir à l'arc

Je fais { du ski nautique.
        { de la voile.
        { de l'haltérophilie.

Je joue { à la balle molle.
         { au soccer.
         { au tennis.

Je pratique { la danse aérobique.
             { la natation.

tâches ménagères

balayer

cirer

déblayer }
enlever   } la neige
pelleter   }

épousseter (les meubles)

faire { la cuisine
      { la lessive
      { le lit
      { la vaisselle

laver { les fenêtres / les vitres
      { le linge

desservir la table
mettre la table
passer l'aspirateur / passer la balayeuse
peindre
ranger
réparer
repasser (les vêtements)
sortir les ordures
tondre le gazon / tondre la pelouse

vêtements

vêtements féminins ou masculins

un blouson
un chandail /
   un pull-over / un pull
des chaussettes (f) /
   des bas (m)
un gilet
un imperméable

un jean
un maillot
un maillot de bain
un manteau
un pantalon
un pyjama

une robe de chambre
une salopette
un short
des sous-vêtements (m)
un survêtement
un tee-shirt

vêtements féminins

des bas (m) de nylon
une blouse
une cape
une chemise de nuit
un chemisier
un collant
une jupe
un peignoir
une robe
un soutien-gorge
un tailleur

vêtements masculins

un caleçon
une camisole /
   un maillot / un
   tricot de corps
une chemise
un costume /
   un complet
une cravate
un noeud papillon
un smoking / un tuxedo
une veste
un veston

bijoux

une bague
une boucle d'oreille
un bracelet
une broche
un collier
une montre

accessoires

des bretelles (f)
une ceinture

des lunettes (f)

un mouchoir
un parapluie
un sac (à main) /
   une sacoche

des bottes (f)
des bottillons (m)
des chaussures (f) /
   des souliers (m)
des chaussures (f)
   de basket /
   des tennis (m) /
   des espadrilles (f) /
   des baskets (m)
des pantoufles (f)
des sandales (f)

des gants (m)
des mitaines (f) /
   des moufles (f)

un béret
une casquette
un chapeau
une tuque

une écharpe
un foulard

pour décrire les vêtements

- les couleurs

Consulte **Couleurs** (page 88).

- les tissus

un manteau / une robe en
{
acrylique
coton
cuir
lin
nylon
polyester
satin
soie
velours
}

- les motifs

une robe / un pantalon à
{
carreaux
fleurs
pois
rayures
}

- le style

un pantalon / une jupe
{
court/e
long / longue

étroit/e
large
}

ville

une banlieue
une cité / une ville
une municipalité
un quartier

rue

un arrêt d'autobus
une bouche de métro
une cabine téléphonique
une enseigne commerciale
les feux (de circulation)
un panneau d'affichage
un parcomètre
un passage pour piétons
une piste cyclable
un poteau
une poubelle
un réverbère
un stationnement / un parking
un trottoir

édifices publics

un bureau de poste
une cathédrale
une église
une gare
une gare routière
un hôpital
un hôtel de ville / une mairie
une mosquée
un poste d'incendie
un poste de police
une station de métro
une synagogue
un temple
un tribunal

magasins

une banque
une bijouterie
une boucherie
une boulangerie
une boutique
un centre commercial /
   un centre d'achats
une charcuterie
un dépanneur
une épicerie
un/e fleuriste
un garage
un grand magasin
un hôtel
une laverie
une librairie

un magasin général

un magasin {
d'articles électro-
   ménagers
de chaussures
d'instruments
   de musique
de jouets

une pâtisserie
une pharmacie
une poissonnerie
une quincaillerie
un salon de coiffure
une station-service
un supermarché
une teinturerie / un pressing

immeubles

un édifice à bureaux
un gratte-ciel
une tour d'habitation

lieux de récréation

une arcade
un aréna
une bibliothèque
un café
un centre aquatique
un centre (de) plein air
un centre récréatif
un centre sportif
un cinéma
un court de tennis
une école de danse / de musique
une galerie d'art
un gymnase
un jardin public
un musée
un parc

un parc d'amusement
une patinoire
une piscine
un restaurant

une salle
- de billard / de bowling (de quilles)
- communautaire / paroissiale
- de concert / de danse
- d'expositions
- de réunions

un stade
un terrain de base-ball / de soccer
un théâtre
un vélodrome
une vidéothèque

II – Expressions utiles

Expressions utiles

Tu trouveras ci-dessous des expressions que tu peux utiliser dans des situations de tous les jours et dans les dialogues qu'on te demande de créer en classe. Ces expressions sont groupées comme suit :

1. **Situations sociales (rencontres et visites d'amis, conversations courantes, échanges sociaux)**

2. **Actions, informations, opinions, pensées (achats, conseils, descriptions, permissions, préférences, etc.)**

3. **Émotions et sentiments (amour, indifférence, peine, etc.)**

Tu connais déjà un bon nombre de ces expressions. Tu trouveras aussi sûrement de nouvelles expressions. Consulte ces listes quand on te demande de préparer des dialogues et essaie chaque fois d'inclure de nouvelles expressions. Adapte-les selon tes besoins.

Tu amélioreras ainsi tes compétences en français. Tu peux aussi te servir des expressions de cette partie pour communiquer en classe avec ton ou ta professeur/e, avec tes camarades de classe et avec les francophones que tu rencontreras. (Ton guide *avec BRIO* peut aussi être un bon compagnon de voyage si tu décides de visiter des endroits francophones ou de participer à des échanges étudiants!)

Je ne pars jamais sans lui!

1 Situations sociales

 visites et rencontres

interpeller / attirer l'attention

Monsieur!
Madame!
Mademoiselle!
(Eh,) *Jean-Claude*!
Eh, c'est toi, *Sophie*?

Pardon,
Excusez-moi,
S'il vous plaît,
} *Monsieur / Madame / Mademoiselle*!
Monsieur / Madame / Mademoiselle Lesage!

Attention!

Pour attirer l'attention d'un
serveur dans un restaurant ou un café, on entend encore
dire *Garçon!*, mais il est préférable d'utiliser *S'il vous plaît,
Monsieur!*. Quand il s'agit d'une serveuse, on dit *Madame!*
ou *Mademoiselle!*.

saluer

Bonjour Bonsoir	*Monsieur.* *Madame.* *Mademoiselle.* *tout le monde.*	Comment allez- vous? Comment ça va?	Ça va bien. (Et vous-même?) Ça va. (Et vous?) (Très) bien merci. Ça pourrait aller mieux.	Bien merci. Ça va (aussi). Oh! qu'est-ce qui vous arrive? Qu'est-ce qui ne va pas?
Salut	*Carole!* *Éric!* *toi!*	Ça va?	Ça va, et toi?	Pas mal!
Tiens, salut! / Tiens, bonjour!				

Au Canada français, on dit aussi
souvent *Salut!* (ou *Bonjour!*) quand on quitte une personne.
Par exemple : *Salut! À demain!*

annoncer une nouvelle

J'ai une (bonne / mauvaise) nouvelle à t' / vous annoncer.
Tu connais / Vous connaissez la nouvelle?
Tu sais / Vous savez que *je pars en voyage demain*?
Tu es / Vous êtes au courant que *Maryse ne viendra pas ce soir*?
J'ai quelque chose à te / vous dire : *J'ai gagné à la loterie!*
Je t' / vous informe que *je ne serai pas ici demain*.

présenter quelqu'un / se présenter

présenter quelqu'un

Tu connais / Vous connaissez *ma sœur Nathalie?*

Je te / vous présente
Voilà
C'est
Permets-moi / Permettez-moi de te / vous présenter
J'ai le plaisir de te / vous présenter
J'aimerais te / vous présenter

} *Madame Leduc.*
mon ami Stéphane.
Pierre Caron.

répondre aux présentations

Bonjour!
Salut!

Je suis } enchanté/e
content/e
heureux / heureuse } de te / vous rencontrer.
de faire ta / votre connaissance.

se présenter

(Bonjour!)
(Salut!) } Je suis
Je m'appelle
Mon nom est
Je me présente : } *Catherine Caron.*

fixer un rendez-vous

un rendez-vous avec un/e ami/e

Es-tu libre { *mercredi matin?*
jeudi prochain?

Quand
À quelle heure
Quel jour { es-tu libre?
est-ce qu'on se voit / se rencontre?
est-ce qu'on peut se voir / se rencontrer?

un rendez-vous chez un/e spécialiste ou un rendez-vous d'affaires

Je voudrais (prendre)
    un rendez-vous avec
Je voudrais voir
} *le / la docteur/e.*
Madame / Monsieur / Docteur/e Martel.

— Est-ce que vous pourriez me donner un rendez-vous
    avec *la directrice*?
— *Lundi à dix heures*?

— Non, {
    ce n'est pas possible.
    je suis pris/e à cette heure-là.
    je ne suis pas libre.

— Oui, {
    ça me convient.
    très bien.
    d'accord.

inviter / accepter une invitation / refuser une invitation

inviter

Je t' / vous invite *à dîner*
(Est-ce que) tu veux / vous voulez venir *dîner* } *à la maison.*
chez nous / moi?
au restaurant?

Est-ce que ça te / vous dirait d'aller
Tu veux / Vous voulez aller } *au cinéma?*
voir le match de hockey?

accepter une invitation

Oh oui, c'est (très) gentil / sympa!
Oui, je veux bien.
Avec plaisir!
Volontiers!
C'est une bonne idée.
D'accord!
Chouette / Chic!

refuser une invitation

Désolé/e, je suis pris/e.
Pas cette fois-ci. Je ne peux pas. Une autre fois peut-être.

accueillir

Bienvenue!
Bienvenue chez moi!
Mets-toi / Mettez-vous à ton / votre aise!
Assieds-toi! Asseyez-vous!

Ça me fait plaisir de ⎫
Je suis content/e de ⎬ te / vous voir.

offrir à boire ou à manger

offrir à boire

Veux-tu / Voulez-vous boire
  quelque chose?
Qu'est-ce que tu aimerais / vous
  aimeriez boire / prendre?
Est-ce que je peux t' / vous offrir
  quelque chose (à boire)?
Qu'est-ce que je te / vous sers?

offrir à manger

Sers-toi / Servez-vous s'il te /
  vous plaît.
Est-ce que tu prends / vous prenez
  des tomates?
Veux-tu / Voulez-vous *du poulet*?
Encore un peu de *salade*?

accepter l'offre

Oui, ⎰ merci beaucoup (c'est
        très bon!)
      avec plaisir (c'est délicieux!)
      je veux bien.
      volontiers.

(Oui,) s'il te / vous plaît.

refuser l'offre

Non merci, ⎰ j'ai très bien
            mangé.
          je n'ai plus faim.
          je n'ai pas soif.
          pas pour l'instant.

Je te / vous remercie, c'était très bon.
Merci, c'était délicieux.

demander quelque chose à table

Pardon,
} pourrais-tu /
pourriez-vous
est-ce que tu peux /
vous pouvez
} me passer *le sel,*
me donner *le beurre,*
m'apporter *du pain,*
} s'il te /
vous plaît?

Passe-moi / Passez-moi *le sel,*
Donne-moi / Donnez-moi *le beurre,*
Apporte-moi / Apportez-moi *du pain,*
} s'il te / vous plaît.

adresser un souhait à table

avant un repas

Bon appétit!

avant de boire quelque chose

À ta / votre santé!
À la tienne! / À la vôtre!
Tchin, tchin!
À tes / vos *amours*!
À tes / vos *études*!

prendre congé / partir

Au revoir.
Excuse-moi / Excusez-moi, mais je dois partir.

Si on pense revoir la personne plus tard, on peut dire :
À la prochaine!
À bientôt!
À ce soir!
À demain matin / midi / soir!
À mercredi matin / midi / soir!
À la semaine prochaine!
À tout de suite!
À plus tard!
À tout à l'heure!
Bonne journée! / Bon après-midi! / Bonne soirée! / Bonne nuit!
Bon week-end! / Bonne fin de semaine!

Attention!

En France et ailleurs, les jeunes
disent souvent *Ciao!* quand ils quittent une personne.
Ciao est une expression d'origine italienne.

Au Canada français, on dit aussi *Bye!* ou *Bye-bye!*
ou *Salut!*

 conversations

engager / continuer / terminer une conversation

*engager une conversation ou signaler qu'on va commencer
à parler*

Alors,
Au fait,
Dis donc,
Dites, Monsieur,
Voilà,
Eh bien,...
Tu sais, / Vous savez,
Tu vois, / Vous voyez,
À mon avis,
D'après moi,

} *la réunion de la semaine dernière
s'est bien passée.*

changer de sujet de conversation

Ça me fait penser que
Ça me rappelle que
À propos,

} *je dois organiser la prochaine réunion.*

prendre la parole dans une conversation déjà commencée

Mais
Oui, mais
Mais non,
Justement,
D'accord, mais
Attends, / Attendez,
Écoute, / Écoutez,
Moi, ce que je pense, c'est qu'
} *il y a peut-être une autre solution.*

demander de répéter

Pardon?   (Je n'ai pas (bien) entendu / compris.)
Comment?

Quoi? (mot familier)
Hein? (mot familier)

Qu'est-ce que { tu dis / vous dites?
                tu as dit / vous avez dit?

Est-ce que tu peux répéter s'il te plaît? / Est-ce que
    vous pouvez répéter s'il vous plaît?

terminer une conversation

Tu ne crois pas? / Vous ne croyez pas?
Non?
N'est-ce pas?
Bon, eh bien, à la prochaine.
Bon, alors, excuse-moi / excusez-moi,
    mais je dois partir.
On s'en reparle plus tard?
On se téléphone?
On se revoit la semaine prochaine?

converser au téléphone

répondre au téléphone

Allô?
Allô, oui?
Allô, j'écoute.

demander quelqu'un au téléphone

Allô, { bonjour. / bonsoir. } { Je voudrais parler à *Lei-lei*, s'il te / vous plaît.
Pourrais-je parler à *Chloë*?
Est-ce que *Paul* est là? }

dire que la personne demandée est là ou n'est pas là

Un instant, s'il te / vous plaît.
Ne quitte pas! / Ne quittez pas! } Je te / vous le / la passe.

Il / Elle est en ligne. Peux-tu / Pouvez-vous patienter?

Il / Elle est } { à l'école. / absent/e. / occupé/e. } Veux-tu / Voulez-vous laisser un message?

échanges sociaux / échanges de politesse

s'excuser / répondre à des excuses

s'excuser

Excuse-moi! / Excusez-moi!
Je m'excuse!
Pardon!

Je te / vous prie de m'excuser.
Je suis désolé/e.
Je suis navré/e.
Je te / vous présente (toutes) mes excuses.

répondre à des excuses

Ce n'est rien.
Ça ne fait rien.
Ce n'est pas grave.
Ne t'en fais pas. / Ne vous en faites pas.
Ce n'est pas de ta / votre faute.
Je t' / vous en prie.

faire un compliment / accepter un compliment

faire un compliment

Tu as / Vous avez } l'air en forme aujourd'hui!
bonne mine.
J'aime beaucoup ta / votre *coupe de cheveux*.
Quel *beau pantalon*!
Ta / Votre *chemise* est très *belle*!
Elle est très *jolie* ta / votre *jupe*!
Qu'est-ce qu'elle est *belle* ta / votre *maison*!
Cette *blouse* te / vous va très bien!

accepter un compliment

Merci!
Vraiment?
Tu trouves? / Vous trouvez?
Tu es / Vous êtes gentil / gentille.

féliciter

Félicitations!
Je te / vous félicite.
Toutes mes félicitations!
Bravo!
Je suis content/e pour toi / vous.
Chapeau!

pour un mariage, des fiançailles

Tous mes compliments!
Tous mes voeux de bonheur!

offrir ses voeux

pour un anniversaire

Joyeux anniversaire!
Bonne fête!
Je te / vous souhaite un joyeux anniversaire.

pour différentes fêtes et occasions

Joyeux Noël!
Bonne (et heureuse) année!
Joyeuses Pâques!

Je te / vous souhaite } un joyeux Noël!
une bonne et heureuse année!

Bonne fête } des mères!
des pères!

Bon voyage!

Félicitations pour } *ta bonne note*!
avoir gagné le match!

Tous mes voeux de bonheur!
Bonne chance!

à quelqu'un qui part en vacances / en voyage

Bonnes vacances! / Bon voyage!

Je te / vous souhaite } de bonnes vacances!
un bon voyage!
un bon séjour!

à quelqu'un qui est malade

Soigne-toi bien! / Soignez-vous bien!
Repose-toi bien! / Reposez-vous bien!
Meilleure santé!
Je te / vous souhaite un prompt rétablissement!

à quelqu'un qui sort

Bonne soirée!
Amuse-toi bien! / Amusez-vous bien!

présenter ses condoléances

Toute ma sympathie!
Toutes mes condoléances!
Je te / vous présente mes condoléances.
J'ai beaucoup de peine pour toi / vous.

plaindre quelqu'un

Oh, là, là!
Ce n'est pas drôle.
C'est triste!
Pauvre toi / vous!
Mon pauvre *Alex*! / Ma pauvre *Sylvia*!
Non, ce n'est pas vrai!
Tu n'as / Vous n'avez (vraiment) pas de chance.

remercier / répondre à des remerciements

remercier

Merci   } beaucoup.
          } bien.

Je te / vous remercie. }
Un grand merci.   } Tu es / Vous êtes très gentil / gentille.
Merci infiniment.   }

répondre à des remerciements

De rien.
Il n'y a pas de quoi.
Je t' / vous en prie.
Ce n'est rien.

Attention!

Au Canada français, on dit aussi souvent «Bienvenue!» pour répondre à des remerciements.

Actions, informations, opinions et pensées

 achats

demander ce que le client / la cliente veut

Monsieur,
Madame,
Mademoiselle,
} est-ce que je peux vous aider?
qu'est-ce que vous cherchez?
vous désirez?
qu'est-ce que je vous sers?

Est-ce que vous désirez autre chose?
C'est tout?

dire ce qu'on veut acheter

Donnez-moi *un éclair au chocolat*,
J'aimerais avoir *un sandwich au jambon*,
Je voudrais *une cravate rouge*,
Il me faut *de l'eau*,
} s'il vous plaît.

Est-ce que vous avez *le dernier disque de Patrick Bruel*?
Avez-vous *des billets de loterie*?

demander le prix

Pouvez-vous / Pourriez-vous me dire le prix de *cette bicyclette*?
Combien coûte *une chambre*?
C'est combien?
Ça coûte combien? / Ça fait combien?
Combien est-ce que je vous dois?

aide

demander de l'aide

Pardon, } pourriez-vous me dire où se trouve *le musée*?
pourriez-vous m'aider à *trouver mes clés*?

Excuse-moi / Excusez-moi, est-ce que tu peux / vous pouvez m'aider?

Est-ce que tu veux / vous voulez *m'ouvrir la porte*, s'il te / vous plaît?
Est-ce que tu peux / vous pouvez m'aider à *porter mes valises*?

Attention!

Dans une situation dangereuse,
on peut dire :
Au secours!
À l'aide!

Si on a volé tes affaires, crie :
Au voleur! Arrêtez-le / la!

proposer de l'aide

Est-ce que je peux
Est-ce que je pourrais } {
t' / vous aider?
t' / vous aider?
te / vous donner un coup de main?

Est-ce que tu veux / vous voulez que je t' / vous *ouvre la porte*?

accepter de l'aide

Oui, { avec plaisir,
c'est gentil, } { merci.

Oui, { c'est sympa.
chouette de ta / votre part.

EST-CE QUE JE PEUX VOUS AIDER?

refuser de l'aide

Non, $\left\{\begin{array}{l}\text{c'est gentil,} \\ \text{ça va,}\end{array}\right.$ $\left\{\begin{array}{l}\text{merci.}\end{array}\right.$

Non, $\left\{\begin{array}{l}\text{je peux me débrouiller.} \\ \text{je peux faire ça moi-même.}\end{array}\right.$

certitude

Bien sûr!
Évidemment!
Sans aucun doute!
C'est sûr!

C'est $\left\{\begin{array}{l}\text{sûr} \\ \text{certain}\end{array}\right.$ $\left\{\begin{array}{l}\text{qu'}elle\ y\ sera.\end{array}\right.$

Il est $\left\{\begin{array}{l}\text{clair} \\ \text{évident}\end{array}\right.$ $\left\{\begin{array}{l}\text{qu'}il\ ne\ dit\ pas\ la\ vérité.\end{array}\right.$

Je suis $\left\{\begin{array}{l}\text{sûr/e} \\ \text{certain/e} \\ \text{convaincu/e} \\ \text{persuadé/e}\end{array}\right.$ $\left\{\begin{array}{l}\text{qu'}il\ viendra. \\ \text{de }son\ innocence.\end{array}\right.$

J'en suis $\left\{\begin{array}{l}\text{sûr/e.} \\ \text{certain/e.} \\ \text{convaincu/e.} \\ \text{persuadé/e.}\end{array}\right.$

compréhension

dire qu'on comprend

Je comprends.
J'ai (bien) compris.
Ah oui.

dire qu'on ne comprend pas

Je ne comprends pas } bien.
du tout.

Excusez-moi, je n'ai pas (bien) compris.
Je n'y comprends rien.

conseils

demander un conseil

Qu'est-ce que tu me conseilles / vous me conseillez de faire?
D'après toi / vous, qu'est-ce que je devrais faire?
À ma place, qu'est-ce que tu ferais / vous feriez?

donner un conseil

Ne te laisse pas influencer!
Prends ton temps pour réfléchir!
Je te / vous conseille de *suivre le cours de chimie*.
Tu devrais / Vous devriez *lui parler*.
Tu ferais / Vous feriez mieux de *t' / vous habiller plus chaudement*.

Il vaut mieux que *tu partes tout de suite*.
Il vaudrait mieux que *nous n'y allions pas*.

À ta / votre place, je *dormirais plus*.
Si j'étais toi / vous, je *ne travaillerais pas à cet endroit*.

Tu n'as qu'à / Vous n'avez qu'à } *partir tout de suite et vous*
Il n'y a qu'à *arriverez à temps*.

Si je peux te / vous donner un conseil, *ne lui parle / parlez
pas tout de suite*!

description des objets

la couleur

C'est rouge / vert / bleu / orange / rose.
C'est bleu clair / vert foncé / rouge vif.

Consulte aussi **Couleurs** (page 88).

les dimensions et le poids

C'est
- grand / gros / petit.
- long / court.
- haut / petit.
- large / étroit.
- lourd / léger.

Il / Elle / Cela mesure / a { 5 cm / 2 m } { de haut. / de long. / de large. }

Il / Elle / Cela pèse { 3 kg. / 200 g. }

la forme

C'est
- rond.
- ovale.
- carré.
- rectangulaire.
- triangulaire.
- cylindrique.

la texture

C'est
- dur / mou.
- lisse / rugueux.
- égal / inégal.

la matière

C'est en
- bois.
- métal (en or, en argent, en platine, en acier, en aluminium).
- plastique / caoutchouc.
- marbre / céramique.
- laine / coton / nylon / soie.

la fonction

Ça sert à
On s'en sert pour
C'est un outil / une machine pour
} *mesurer la pression des pneus.*
faire des trous.
couper du métal.

Attention!

Pour décrire un objet, on utilise
souvent la comparaison :

Ça ressemble à
C'est comme
On dirait
} *une grande boîte.*
du lait.

C'est une sorte de *machine à calculer.*

 description des personnes

l'aspect physique

Il / Elle est {
très
assez
plutôt
} {
grand/e / petit/e.
gros/se / mince / maigre.
fort/e / costaud.
}

Il / Elle {
pèse
fait
} {
65 kilos.
130 livres.
}

Il / Elle {
mesure
fait
} {
1 mètre 70.
5 pieds 8 pouces.
}

Il / Elle {
a
porte
} {
des lunettes.
des verres de contact.
}

Il / Elle a les cheveux {
blonds / bruns / noirs / roux / blancs / gris.
frisés / bouclés / lisses / raides.
longs / courts.
}

Il / Elle a les yeux bleus / verts / gris / bruns / noirs.

Il / Elle est chauve.

Il a une barbe. / Il est barbu.
Il a une moustache. / Il est moustachu.

Il / Elle est
{
(très) jeune.
(assez) vieux / vieille.
(plutôt) âgé/e.
d'un certain âge.
}

Il / Elle a
{
(environ) *quarante* ans.
(à peu près) *cinquante* ans
la *quarantaine* / la *cinquantaine*.
une *quarantaine* / une *cinquantaine* d'années.
}

les vêtements

Il / Elle porte
{
un jean.
une casquette de base-ball noire.
des bottes.
}

le caractère / la personnalité

Consulte **Émotions, sentiments, attitudes** (page 90) et **Personnes :** description physique et descrip-tion de la personnalité et du comportement (page 107).

 état physique

demander à une personne comment elle va

Comment
{
allez-vous / vas-tu?
ça va?
}
Qu'est-ce qui ne va pas?
Qu'est-ce qu'il y a?
Où est-ce que tu as mal? / Où est-ce que vous avez mal?

dire qu'on va bien

Je vais
Je me porte } (très) bien.
Ça va

Je suis en { bonne { forme.
          pleine

dire qu'on va mal

Je ne vais pas
Je ne me porte pas
Je ne me sens pas } bien (du tout).
Ça ne va pas

Je vais } mal.
Ça va

Je ne me porte pas très bien.
Ça ne va pas tellement bien.
Ça pourrait aller mieux.
(Ça va?) Oh... comme ci comme ça.

Je me sens { mal.
         faible.

Je suis { fatigué/e.
      épuisé/e.
      crevé/e.

J'ai mal { *à la tête.*
        à la gorge.
        au dos.
        au pied droit.
        aux dents.
        aux reins.

J'ai froid / chaud.
J'ai de la fièvre.

Je n'ai pas d'appétit.
Je ne digère pas bien.
J'ai la nausée.

Je tousse.
J'ai un rhume / la grippe.

J'ai de la difficulté à { *respirer.*
marcher.
avaler.

dire qu'on va mieux

Je vais
Je me porte
Je me sens   } (beaucoup) mieux.
Ça va

Consulte aussi **Santé** (page 109).

dire que la douleur est subite

Aïe!
Ouille! } *Mon bras!*
Mes pieds!

 habiletés

dire ce qu'on sait faire

Je sais { *jouer du piano.*
conduire.
nager.

Il / Elle s'y connaît en
Il / Elle est (très) doué/e en   } *informatique.*
mécanique.
Il / Elle est (très) fort/e en   *mathématiques.*
espagnol.

dire ce qu'on ne sait pas faire

Je ne sais pas ⎰ *jouer du piano.*
⎱ *conduire.*
                nager.

Il / Elle ne s'y connaît pas en   *informatique.*
Il / Elle n'est pas (très) doué/e en   *mécanique.*
Il / Elle n'est pas (très)fort/e en   *mathématiques.*
Il / Elle est nul / nulle en   *espagnol.*

Attention!

savoir + un verbe à l'infinitif et
pouvoir + un verbe à l'infinitif ont des sens différents :

*Je ne **sais** pas conduire.* (Je n'ai pas appris à conduire. Je ne sais pas comment conduire une voiture.)
*Je ne **peux** pas conduire ma voiture.* (J'ai un bras de cassé. Je sais conduire, mais je ne le peux pas physiquement.)

heure

Quelle heure est-il, s'il te / vous plaît?
Il est quelle heure?

Il est *cinq* heures du matin / du soir.
Il est *dix-sept* heures.
Il est *trois* heures et quart.
Il est *deux* heures moins (le) quart.
Il est midi / minuit.
Il est *quatre* heures (et) *dix*.

— À quelle heure est-ce que *le train part*?
— *Le train part* à *huit* heures.

1 h 00	une heure (du matin)
3 h 15	trois heures quinze / trois heures et quart (du matin)
5 h 30	cinq heures trente / cinq heures et demie (du matin)
6 h 45	six heures quarante-cinq / sept heures moins (le) quart (du matin)
8 h 05	huit heures (et) cinq (du matin)
10 h 10	dix heures (et) dix (du matin / de l'avant-midi)
12 h 00	douze heures / midi
12 h 25	douze heures (et) vingt-cinq / midi (et) vingt-cinq
16 h 35	seize heures trente-cinq / cinq heures moins vingt-cinq (de l'après-midi)
18 h 40	dix-huit heures quarante / sept heures moins vingt (du soir)
23 h 50	vingt-trois heures cinquante / minuit moins dix
24 h 00	vingt-quatre heures / minuit
0 h 55	zéro heure cinquante-cinq / une heure moins cinq (du matin)

Il / Elle est {
à l'heure.
en retard.
en avance.

le matin
l'après-midi
le soir
la nuit

un jour / une journée
une heure
une demi-heure
un quart d'heure
une minute
une seconde
un dixième de seconde
un centième de seconde
un millième de seconde

indications / instructions

Pour donner des indications ou des instructions,
on peut employer :

- l'impératif

  Va / Allez tout droit, puis tourne / tournez à droite.

- le présent de l'indicatif

  Tu vas / Vous allez tout droit, et puis tu tournes / vous tournez à droite.

- l'expression *il faut*

  Il faut aller tout droit et puis tourner à droite.

- une phrase courte (sans verbe)

  Tout droit! À droite!

informations pratiques

demander des informations dans la rue, dans une gare, etc.

Pardon,
Excusez-moi,

- pouvez-vous me dire
- pourriez-vous me dire
- savez-vous

  - où est / se trouve *le bureau de poste?*
  - comment aller *au centre-ville?*
  - où il y a *un restaurant?*
  - à quelle heure *ouvre le musée?*
  - comment se rendre *à la Place des arts?*

- je cherche *l'hôtel Mirador.*

demander des informations à une personne qu'on connaît

Peux-tu / Pouvez-vous me dire
Est-ce que tu sais / vous savez
Tu sais / Vous savez

- où *est l'encyclopédie Larousse?*
- quand *est le prochain spectacle?*
- comment *on fait pour ouvrir cette bouteille?*

intentions

Je voudrais
J'aimerais
J'ai l'intention de
J'ai envie de
Je pense   } *partir bientôt.*
J'envisage de
J'espère
J'ai l'espoir de
Je compte bien

J'ai bon espoir que
Je voudrais que   } *tu réussisses.*

interdictions

Ne *ferme* / Ne *fermez* pas *la fenêtre*!

Tu ne dois pas / Vous ne devez pas
Tu n'as / Vous n'avez le droit de
Il ne faut pas
Il n'est pas question de   } *fumer ici.*
Je t' / vous interdis de
Je te / vous défends de

Je ne veux pas que
Il n'est pas question que   } *vous fumiez ici.*

intérêts

Je m'intéresse à *la géologie.*

Les sciences, {
  ça m'intéresse.
  ça m'attire.
  ça me tente.
  je trouve ça intéressant.
}

Ça me tente de
Ça m'intéresse de   } *regarder ce film.*
Ça m'intéresserait de

Je suis curieux / curieuse de   } *savoir où il habite.*
Je serais intéressé/e à

opinions

dire qu'on est d'accord

accord total	*accord faible*
Je suis d'accord.	Peut-être.
C'est vrai / exact!	C'est possible.
C'est sûr / certain!	Sans doute.
Absolument! / Tout à fait!	Ça se peut.
Sans aucun doute.	Oui, mais...
Exactement. / Effectivement.	
Je suis (complètement) de ton / votre avis.	

dire qu'on n'est pas d'accord

désaccord total

Je ne suis pas d'accord.

Ce n'est pas { vrai! / exact!

Ce n'est pas { sûr du tout! / certain du tout!

Absolument pas!

Je ne suis { pas du tout / absolument pas } { de ton / votre avis.

Tu plaisantes! / Vous plaisantez!

Tu te moques de moi! / Vous vous moquez de moi!

désaccord faible

Je ne suis pas { complètement / tout à fait } d'accord.

Je n'en suis pas { sûr/e. / convaincu/e. }

Ce n'est pas sûr / certain.
Est-ce que tu es / vous êtes sûr/e de ce que tu dis / vous dites?

donner son opinion

Je pense que
Je crois que
Je trouve / Je ne trouve pas que
D'après moi, / À mon avis, / Pour moi,   } ce film est intéressant.
Il me semble que
J'ai l'impression que

Attention!

Je pense et *Je crois* sont suivis de l'indicatif.

Je ne pense pas et *Je ne crois pas* sont suivis du subjonctif.

Je ne pense
  pas que
Je ne crois   } ce film soit
  pas que   intéressant.

Ce roman est passionnant, } tu ne penses / vous ne pensez pas?
                            tu ne trouves / vous ne trouvez pas?

demander son opinion à quelqu'un

Qu'en penses-tu? / Qu'en pensez-vous?
Comment est-ce que tu le / la / les trouves? / Comment est-ce que
  vous le / la / les trouvez?
Que penses-tu / Que pensez-vous de *ce nouveau magazine*?

D'après toi / vous,   } est-ce que *ce nouveau magazine est intéressant*?
À ton / votre avis,

Quel est ton / votre avis sur *ce nouveau magazine*?

▲ ordres

Pour donner des ordres, on peut employer :

- l'impératif

  Ouvre / Ouvrez la porte!

- une phrase courte (sans verbe)

  La fenêtre!
  Silence!

> **Remarque :** L'utilisation de l'impératif ou d'une phrase courte est moins polie pour donner des ordres ou demander quelque chose que les autres moyens expliqués ci-dessous.

- le futur

  Tu iras / Vous irez à la bibliothèque demain.

- l'expression *il faut*

  Il faut que tu étudies plus.

- le verbe *vouloir*

  Tu veux / Vous voulez (bien) fermer la fenêtre?
  Je veux que tu étudies plus!
  Je voudrais que vous partiez maintenant!

- le conditionnel

  Pourrais-tu / Pourriez-vous fermer la fenêtre?
  Me donnerais-tu / Me donneriez-vous ce stylo?

▲ permission

demander la permission

Est-ce que ⎱ je peux / je pourrais / j'ai le droit de ⎰ *manger ici?*

Je voudrais / J'aimerais ⎱ emprunter ce livre.

Est-ce que } tu permets / vous permettez que *je sois en retard demain?*
tu me permets / vous me permettez *de partir tout de suite?*

Est-ce que ça te / vous } dérange si *je pars maintenant?*
dérangerait si *je partais maintenant?*

donner la permission

Tu peux / Vous pouvez *partir maintenant.*

Tu as } le droit de } *consulter le dictionnaire pendant l'examen.*
Vous avez } la permission de

refuser la permission

Non, } je suis désolé/e, } mais je ne peux pas vous permettre de *fumer* ici.
je regrette,

Non, (il n'en est) pas question!

préférences

Je préfère
J'aime mieux } *manger des fruits et des légumes que de la viande.*
Il est préférable de

Je préfère que
J'aimerais mieux que } *tu reviennes demain.*
Il est préférable que

probabilité et possibilité

Il est probable que *nous irons chez toi demain.*
Il (me) semble qu'*il a l'air malade.*
Sans doute, *il y sera.*

Il / Elle doit } *être malade.*
Il / Elle a dû

Il est possible que
Il se peut que } *je parte demain.*
Il se pourrait que

Sans aucun doute exprime la certitude.
Sans doute exprime la possibilité.

Le verbe *devoir* a des sens différents selon le contexte.

- Il peut exprimer l'obligation.

  Il doit absolument faire ce travail pour demain.
  (= Il est obligé de faire ce travail.)

- Il peut exprimer la probabilité.

  — *Où est Susie?*
  — *Elle doit être dans le jardin avec Victor.*
  (= Elle est probablement dans le jardin avec Victor.)

promesses

Je te / vous promets } *de venir demain.*
que je viendrai demain.

C'est promis, } *je viendrai demain.*
C'est juré,

Je viendrai demain, } je te / vous le promets!
je te / vous le jure!

souvenirs

Je (ne) me souviens (pas / plus) de } *la date de son anniversaire.*
Je (ne) me rappelle (pas / plus)

suggestions

Est-ce que tu veux / vous voulez *aller au cinéma*?
Si tu veux / vous voulez, on peut / on pourrait *aller au cinéma*.

Est-ce que ça te / vous dirait d'*aller au cinéma*?

Tu pourrais / Vous pourriez } *organiser une fête.*
Nous pourrions

Est-ce que tu as / vous avez pensé à \
Pourquoi ne pas } *organiser une fête?*

Je te / vous suggère de \
Je te / vous conseille de } *partir sans délai.*

Si on *allait au cinéma?*

Allons au cinéma (si tu veux / si vous voulez)! \
Partons tout de suite!

3 Émotions et sentiments

amour / préférence

pour les personnes

exprimer un sentiment d'amitié

J'aime { bien \
beaucoup   { *Paul.* \
sa soeur.

Je suis (très) { ami/e \
copain / copine   { avec *Sylvie.*

André/e est { mon ami/e. \
mon copain / ma copine.

exprimer l'amour

J'aime \
J'adore \
Je suis amoureux / amoureuse de \
Je suis fou / folle de } *ce garçon.* \
la fille d'en face.

pour les choses

J'aime (beaucoup)
J'adore   } *les nectarines.*
J'aime bien

Ça me plaît.
Ce *pantalon* me plaît beaucoup.

 colère / mécontentement

Je suis {
fâché/e.
en colère.
furieux / furieuse.
agacé/e.
ennuyé/e.

Je ne suis pas content/e du tout.

Ça ne me plaît pas du tout.
Ça me déplaît.
Ça m'énerve.
Ça m'ennuie.
Ça m'agace.

exprimer la mauvaise humeur

Je ne suis pas de bonne humeur.
Il / Elle est d'une humeur massacrante.
Il / Elle n'a pas le moral.

insulter quelqu'un directement

(Espèce de / d')
(Quel / Quelle)
$\left\{\begin{array}{l}\text{idiot/e!}\\\text{imbécile!}\\\text{débile!}\\\text{salaud!}\\\text{niaiseux / niaiseuse!}\end{array}\right.$

Bande de / d'
$\left\{\begin{array}{l}\text{idiots!}\\\text{salauds!}\\\text{etc.}\end{array}\right.$

parler en mal de quelqu'un

C'est
$\left\{\begin{array}{l}\text{un/e idiot/e.}\\\text{un/e imbécile.}\\\text{un/e débile.}\\\text{un salaud.}\\\text{un con / une conne. (mot familier)}\end{array}\right.$

déception

C'est dommage!
Quel dommage!

C'est dommage que
Quel dommage que
$\Big\}$ *vous soyez malade!*

J'ai été très déçu/e.
Il / Elle / Ça m'a beaucoup / très déçu/e.
Cela m'a déçu/e.
Je suis désolé/e d'avoir fait cela.

Malheureusement,
Hélas,
$\Big\}$ *je ne peux pas aller à ta fête.*

Je n'aurais pas cru ça de lui / d'elle / de toi / de vous.

dégoût

| C'est
 Je trouve ça | dégoûtant.
 écoeurant.
 répugnant.
 immangeable.
 imbuvable.
 dégueulasse. (mot familier) |

| Ça me dégoûte
 Ça m'écoeure
 Ça me répugne
 Ça me fait horreur, | *de boire cela*!
 qu'il soit aussi méchant!
 cette odeur! |

J'ai horreur de ça!

désapprobation

| Tu as / Vous avez eu tort de
 Ce n'était pas bien de
 Tu n'aurais / Vous n'auriez pas dû
 Il ne fallait pas | *partir si vite.* |

Comment est-ce que tu as / vous avez pu faire ça?

| Ce que tu as / vous avez fait | n'est pas bien.
 est très grave.
 est inacceptable. |

Ne fais pas / Ne faites pas ça, s'il te / vous plaît.

Je n'aime pas ça.
Je déteste ça.

Comment oses-tu faire ça / avoir fait ça? / Comment osez-vous faire ça / avoir fait ça?

haine / aversion

pour les personnes

Je déteste
Je n'aime pas
} *cette personne.*

Je ne peux pas le / la / les } sentir.
voir.

pour les choses

Je n'aime pas (du tout)
Je déteste
} *cette maison.*

Ça ne me plaît pas.
Ça me déplaît.

indifférence

Ça m'est (complètement) égal!
Comme tu veux / vous voulez!
Je n'ai pas de préférence.

Je m'en moque! (expression familière)
Je m'en fiche! (expression familière)
Je m'en fous! (expression familière)

Que veux-tu / Que voulez-vous que ça me fasse? (expression familière)

impatience / irritation

Mais {
qu'est-ce qui se passe?
qu'est-ce qu'il y a?
qu'est-ce que tu fais / vous faites?

Allons (*dépêche-toi / dépêchez-vous*)!

Tu ne peux pas *te dépêcher*? / Vous ne pouvez pas *vous dépêcher*?

(Allons) (plus) vite!

peine

C'est très triste.
J'ai beaucoup de peine / de chagrin.
C'est terrible ce qui m' / t' / vous / lui / nous arrive!
Quel malheur!

Je partage } ta / votre peine.
ton / votre chagrin.

Tu m'as fait / Vous m'avez fait beaucoup de peine.

peur

J'ai peur { *de rester seul/e à la maison.*
du noir.
des insectes.

Je crains { *de rester seul/e à la maison.*
le noir.
les insectes.
qu'il me fasse du mal.

Je redoute } *sa force.*
J'appréhende }

J'ai la frousse de (expression familière) } *sortir seul/e le soir.*
J'ai la trouille de (expression familière) }

plaisir / joie / enthousiasme

Je suis { contente/e
heureux / heureuse
ravi/e { *(de te / vous revoir).*
(d'aller avec toi / vous au cinéma).
(d'avoir reçu ta / votre lettre).

Ça me plaît (beaucoup).

(C'est) {
très bien!
formidable!
super! (mot familier)
génial! (mot familier)
formidable!
chouette! (mot familier)
}

exprimer la bonne humeur

Il / Elle est de bonne humeur aujourd'hui.

Je me sens en pleine forme.
La vie est belle, n'est-ce pas?
Quelle belle journée aujourd'hui!

surprise

C'est {
incroyable!
surprenant!
étonnant!
}

Ce n'est pas {
croyable!
possible!
vrai!
}

Je suis {
surpris/e que
étonné/e que
}

Ça {
me surprend que
m'étonne que
} *tu partes en vacances.*

Quoi!
Comment!
Oh, là, là!
Vraiment?
Tu plaisantes! / Vous plaisantez!
Sans blague!
Je ne l'aurais jamais cru!

III – Verbes

Cette section contient des explications concernant les différentes formes que prennent les verbes : les temps et les modes (comme le présent de l'indicatif, le futur simple, le conditionnel, l'impératif, etc.). Consulte cette section pour connaître l'*emploi* d'un certain temps ou mode (c'est-à-dire quand l'utiliser) et sa *formation* (c'est-à-dire comment écrire ce temps ou ce mode aux différentes personnes : *je, tu, il, elle, on, nous, vous, ils, elles*). Réfère-toi à cette section chaque fois que tu révises tes textes.

 1 Tableau synthèse des modes et des temps

Modes	Temps simples	Temps composés
Indicatif	Présent	Passé composé
	je marche *je pars*	*j'ai marché* *je suis parti/e*
	Futur simple	Futur antérieur
	je marcherai *je partirai*	*j'aurai marché* *je serai parti/e*
	Imparfait	Plus-que-parfait
	je marchais *je partais*	*j'avais marché* *j'étais parti/e*
	Passé simple	Passé antérieur
	je marchai *je partis*	*j'eus marché* *je fus parti/e*

Subjonctif	Présent	Passé
	que je marche que je parte	que j'aie marché que je sois parti/e
Conditionnel	Présent	Passé
	je marcherais je partirais	j'aurais marché je serais parti/e
Impératif	Présent	Passé
	marche! pars!	aie marché! sois parti/e!
Infinitif	Présent	Passé
	marcher partir	avoir marché être parti/e/s
Participe	Présent	Passé
	marchant	marché/e/s

Chérie, tu es mon plus-que-parfait, mon présent et mon futur!

Et toi, tu fais partie du passé!

2 **L'infinitif présent et l'infinitif passé**

 L'infinitif présent

▶ **Emploi**

L'infinitif présent est le «nom» du verbe, c'est-à-dire que c'est sous cette forme qu'on trouve les verbes dans un dictionnaire. On reconnaît les infinitifs à leur terminaison en *-er*, *-ir*, *-re*, *-oir*.

Dans les phrases, l'infinitif s'utilise comme nom ou comme verbe :

> ***Lire*** *est agréable.* (lire = la lecture)
> *Il aime **chanter**.*
> *Il faut travailler pour **réussir**.*
> *On ne doit pas **mentir**.*
> ***Ajouter*** *du sucre.* (Dans les instructions, par exemple.)
> *Ne pas **exposer** au soleil.* (Dans les instructions, par exemple.)
> *J'espère **partir** en voyage bientôt.*

 L'infinitif passé

▶ **Emploi**

L'infinitif passé s'emploie pour décrire un fait passé. Il remplace une subordonnée (quand le sujet est le même) et rend ainsi la phrase plus courte.

> *Je pense **avoir réussi**.*   (Je pense que j'ai réussi.)
> *Je pensais **avoir réussi**.*   (Je pensais que j'avais réussi.)

> *Après **avoir fini** mes études, j'ai commencé à travailler.*
> (Après que j'ai eu fini mes études, j'ai commencé à travailler.)
> *Après **être partie** de chez moi, elle est allée chez Marc.*
> (Après qu'elle est partie de chez moi, elle est allée chez Marc.)

▶ Formation

L'infinitif passé se forme avec l'auxiliaire *avoir* ou *être* et un participe passé. Les verbes qui se conjuguent avec *être* au passé composé (et aux autres temps composés) prennent *être* à l'infinitif passé. Il faut aussi faire accorder le participe passé avec le sujet sous-entendu quand on utilise l'auxiliaire *être*.

Les participes passés irréguliers se trouvent à la page 164.

Forme négative : Je pense **n'avoir pas réussi.** *ou* Je pense **ne pas avoir réussi.**

3 Le présent de l'indicatif

▶ Emploi

Le présent de l'indicatif sert à :

@ exprimer un fait qui s'accomplit au moment où on parle.

> *Je **suis** contente de te voir.*

@ exprimer une habitude.

> *Je **me lève** à six heures tous les matins.*

@ exprimer un fait habituellement vrai.

> *Deux et deux **font** quatre.*
>
> *Le bleu et le blanc sont deux couleurs qui **vont** bien ensemble.*

@ exprimer un fait se rapportant à un passé récent ou à un futur proche.

> *Je **viens** tout juste de chez elle.*
>
> *Je **pars** dans dix minutes.*

@ narrer. (On l'appelle alors le présent historique ou narratif.)

> *Je me trouvais à quelques mètres devant lui. Tout à coup, il se lève et il s'avance vers moi.*

@ exprimer un fait futur, après *si* introduisant une condition.

> *Si tu **pars** demain, tu ne pourras pas le voir.*

@ exprimer avec *depuis* un fait commencé dans le passé et qui se continue dans le présent.

> *Elle **attend** l'autobus depuis vingt minutes.*

▶ Formation

		verbe à l'infinitif moins les terminaisons
sujet	**+**	*-er, -ir* et *-re* + les terminaisons suivantes pour les verbes en :

-er	*-ir*	*-re*
-e	*-is*	*-s*
-es	*-is*	*-s*
-e	*-it*	—
-ons	*-issons*	*-ons*
-ez	*-issez*	*-ez*
-ent	*-issent*	*-ent*

Modèles pour les verbes réguliers :

MARCHER	CHOISIR	RÉPONDRE
je march**e**	je chois**is**	je répon**ds**
tu march**es**	tu chois**is**	tu répon**ds**
il / elle / on march**e**	il / elle / on chois**it**	il / elle / on répon**d**
nous march**ons**	nous chois**issons**	nous répond**ons**
vous march**ez**	vous chois**issez**	vous répond**ez**
ils / elles march**ent**	ils / elles chois**issent**	ils / elles répond**ent**

Forme négative : je ne marche pas

Modèle pour les verbes pronominaux :

se reposer

je me repose
tu te reposes
il / elle / on se repose
nous nous reposons
vous vous reposez
ils / elles se reposent

Forme négative : je ne me repose pas

Verbes irréguliers ou avec changement d'orthographe :

acheter	j'achète, tu achètes, il / elle / on achète, nous achetons, vous achetez, ils / elles achètent
aller	je vais, tu vas, il / elle / on va, nous allons, vous allez, ils / elles vont
amener	j'amène, tu amènes, il / elle / on amène, nous amenons, vous amenez, ils / elles amènent
appartenir	j'appartiens, tu appartiens, il / elle / on appartient, nous appartenons, vous appartenez, ils / elles appartiennent
appeler	j'appelle, tu appelles, il / elle / on appelle, nous appelons, vous appelez, ils / elles appellent
apprendre	j'apprends, tu apprends, il / elle / on apprend, nous apprenons, vous apprenez, ils / elles apprennent
appuyer	j'appuie, tu appuies, il /elle / on appuie, nous appuyons, vous appuyez, ils / elles appuient
asseoir (s')	je m'assois, tu t'assois, il / elle / on s'assoit, nous nous assoyons, vous vous assoyez, ils / elles s'assoient *ou* je m'assieds, tu t'assieds, il / elle / on s'assied, nous nous asseyons, vous vous asseyez, ils / elles s'asseyent
avoir	j'ai, tu as, il / elle / on a, nous avons, vous avez, ils / elles ont
battre	je bats, tu bats, il / elle / on bat, nous battons, vous battez, ils / elles battent
boire	je bois, tu bois, il / elle / on boit, nous buvons, vous buvez, ils / elles boivent
comprendre	je comprends, tu comprends, il / elle / on comprend, nous comprenons, vous comprenez, ils / elles comprennent
conduire	je conduis, tu conduis, il / elle / on conduit, nous conduisons, vous conduisez, ils / elles conduisent

connaître	je connais, tu connais, il / elle / on connaît, nous connaissons, vous connaissez, ils / elles connaissent
considérer	je considère, tu considères, il / elle / on considère, nous considérons, vous considérez, ils / elles considèrent
convaincre	je convaincs, tu convaincs, il / elle / on convainc, nous convainquons, vous convainquez, ils / elles convainquent
courir	je cours, tu cours, il / elle / on court, nous courons, vous courez, ils / elles courent
craindre	je crains, tu crains, il / elle / on craint, nous craignons, vous craignez, ils / elles craignent
croire	je crois, tu crois, il / elle / on croit, nous croyons, vous croyez, ils / elles croient
découvrir	je découvre, tu découvres, il / elle / on découvre, nous découvrons, vous découvrez, ils / elles découvrent
décrire	je décris, tu décris, il / elle / on décrit, nous décrivons, vous décrivez, ils / elles décrivent
devenir	je deviens, tu deviens, il / elle / on devient, nous devenons, vous devenez, ils / elles deviennent
devoir	je dois, tu dois, il / elle / on doit, nous devons, vous devez, ils / elles doivent
dire	je dis, tu dis, il / elle / on dit, nous disons, vous dites, ils / elles disent
dormir	je dors, tu dors, il / elle / on dort, nous dormons, vous dormez, ils / elles dorment
écrire	j'écris, tu écris, il / elle / on écrit, nous écrivons, vous écrivez, ils / elles écrivent
envoyer	j'envoie, tu envoies, il / elle / on envoie, nous envoyons, vous envoyez, ils / elles envoient
essayer	j'essaie, tu essaies, il / elle / on essaie, nous essayons, vous essayez, ils / elles essaient
être	je suis, tu es, il / elle / on est, nous sommes, vous êtes, ils / elles sont
faire	je fais, tu fais, il / elle / on fait, nous faisons, vous faites, ils / elles font
inquiéter (s')	je m'inquiète, tu t'inquiètes, il / elle / on s'inquiète, nous nous inquiétons, vous vous inquiétez, ils / elles s'inquiètent
interdire	j'interdis, tu interdis, il / elle / on interdit, nous interdisons, vous interdisez, ils / elles interdisent
jeter	je jette, tu jettes, il / elle / on jette, nous jetons, vous jetez, ils / elles jettent
joindre	je joins, tu joins, il / elle / on joint, nous joignons, vous joignez, ils / elles joignent
lever (se)	je me lève, tu te lèves, il / elle / on se lève, nous nous levons, vous vous levez, ils / elles se lèvent
lire	je lis, tu lis, il / elle / on lit, nous lisons, vous lisez, ils / elles lisent

manger	je mange, tu manges, il / elle / on mange, nous mangeons, vous mangez, ils / elles mangent
mentir	je mens, tu mens, il / elle / on ment, nous mentons, vous mentez, ils / elles mentent
mettre	je mets, tu mets, il / elle / on met, nous mettons, vous mettez, ils / elles mettent
nettoyer	je nettoie, tu nettoies, il / elle / on nettoie, nous nettoyons, vous nettoyez, ils / elles nettoient
obtenir	j'obtiens, tu obtiens, il / elle / on obtient, nous obtenons, vous obtenez, ils / elles obtiennent
offrir	j'offre, tu offres, il / elle / on offre, nous offrons, vous offrez, ils / elles offrent
ouvrir	j'ouvre, tu ouvres, il / elle / on ouvre, nous ouvrons, vous ouvrez, ils / elles ouvrent
partir	je pars, tu pars, il / elle / on part, nous partons, vous partez, ils / elles partent
payer	je paie, tu paies, il / elle / on paie, nous payons, vous payez, ils / elles paient
perdre	je perds, tu perds, il / elle / on perd, nous perdons, vous perdez, ils / elles perdent
permettre	je permets, tu permets, il / elle / on permet, nous permettons, vous permettez, ils / elles permettent
plaire	je plais, tu plais, il / elle / on plaît, nous plaisons, vous plaisez, ils / elles plaisent
pouvoir	je peux, tu peux, il / elle / on peut, nous pouvons, vous pouvez, ils / elles peuvent
prendre	je prends, tu prends, il / elle / on prend, nous prenons, vous prenez, ils / elles prennent
recevoir	je reçois, tu reçois, il / elle / on reçoit, nous recevons, vous recevez, ils / elles reçoivent
reconnaître	je reconnais, tu reconnais, il / elle / on reconnaît, nous reconnaissons, vous reconnaissez, ils / elles reconnaissent
rendre	je rends, tu rends, il / elle / on rend, nous rendons, vous rendez, ils / elles rendent
rire	je ris, tu ris, il / elle / on rit, nous rions, vous riez, ils / elles rient
savoir	je sais, tu sais, il / elle / on sait, nous savons, vous savez, ils / elles savent
sentir	je sens, tu sens, il / elle / on sent, nous sentons, vous sentez, ils / elles sentent
servir	je sers, tu sers, il / elle / on sert, nous servons, vous servez, ils / elles servent
sortir	je sors, tu sors, il / elle / on sort, nous sortons, vous sortez, ils / elles sortent

souffrir	je souffre, tu souffres, il / elle / on souffre, nous souffrons, vous souffrez, ils / elles souffrent
souvenir (se)	je me souviens, tu te souviens, il / elle / on se souvient, nous nous souvenons, vous vous souvenez, ils / elles se souviennent
suivre	je suis, tu suis, il / elle / on suit, nous suivons, vous suivez, ils / elles suivent
taire (se)	je me tais, tu te tais, il / elle / on se tait, nous nous taisons, vous vous taisez, ils / elles se taisent
traduire	je traduis, tu traduis, il / elle / on traduit, nous traduisons, vous traduisez, ils / elles traduisent
venir	je viens, tu viens, il / elle / on vient, nous venons, vous venez, ils / elles viennent
vivre	je vis, tu vis, il / elle / on vit, nous vivons, vous vivez, ils / elles vivent
voir	je vois, tu vois, il / elle / on voit, nous voyons, vous voyez, ils / elles voient
vouloir	je veux, tu veux, il / elle / on veut, nous voulons, vous voulez, ils / elles veulent

4 Le participe passé et son accord

▶ **Emploi**

Comme **forme verbale**, le participe passé se trouve dans tous les temps composés (comme le passé composé, le plus-que-parfait, le futur antérieur et le conditionnel passé), combiné soit avec *avoir*, soit avec *être*.

> *J'ai répondu.*   *Ils étaient partis.*
>
> *Nous aurons fini.*   *Ils auraient menti.*

Quand le participe passé est combiné avec l'auxiliaire *être*, il s'accorde en genre (masculin ou féminin) et en nombre (masculin ou pluriel) avec le sujet du verbe.

> *Elle est partie.*   *Nous serons allé(e)s.*
>
> *Ils seraient sortis.*   *Vous étiez venu(e)(s).*

Remarque : Il faut toujours considérer de quel genre et de quel nombre est le pronom personnel sujet. Par exemple, *je* peut se référer à une personne de sexe masculin ou féminin; *nous* peut se référer à un groupe de personnes de sexe féminin ou masculin (quand il se réfère à des personnes de sexe masculin et féminin, le participe passé se met au masculin);

vous peut être singulier ou pluriel et masculin ou féminin selon qu'on l'utilise pour s'adresser poliment à un seul homme ou à une seule femme ou à un groupe de personnes de sexe masculin ou féminin.

Les verbes qui sont conjugués avec l'auxiliaire *être* sont :

Consulte aussi **Quand faire l'accord du participe passé dans les temps composés?** sous **Verbes pronominaux** (page 192).

- les verbes pronominaux (*s'asseoir, se lever, etc.*)

  Je me suis assis(e) avec elle hier à la cafétéria.

  Nous nous sommes levés tôt ce matin.

- un certain nombre de verbes intransitifs (c'est-à-dire qui ne sont pas suivis d'un complément direct) dont les plus communs sont :

aller	mourir	sortir
arriver	naître	tomber
descendre	partir	venir (revenir, devenir, parvenir)
entrer (rentrer)	rester	
monter	retourner	

Quand le participe passé est employé avec l'auxiliaire *avoir* et qu'il est précédé d'un complément d'objet direct, il s'accorde en genre et en nombre avec ce complément.

> *As-tu fini ta lettre? Oui, je l'ai finie.*
>
> *Avez-vous vu Lise et Pierre? Non, nous ne **les** avons pas vus.*
>
> *Il a reçu **la lettre** que je lui ai écrite la semaine dernière.*
>
> **Remarque :** Quand a-t-on un complément d'objet direct? Quand on peut répondre à la question *qui?* ou *quoi?* posée après le verbe. (Oui, je l'ai finie. J'ai fini quoi? «l», c'est-à-dire **la lettre**.) Si on n'a que des réponses aux questions *où?, quand?, comment?, à qui?, à quoi?, de qui?* ou *de quoi?*, alors il ne s'agit pas d'un complément d'objet direct et le participe passé ne s'accorde pas.

Comme **adjectif**, le participe passé a la valeur d'un simple qualificatif et s'accorde en genre et en nombre avec le nom qu'il accompagne.

> *Il a des manières **distinguées**.*   *Cette lettre est très mal **écrite**.*
>
> *Elle semble bien **reposée**.*   *Cette robe est très bien **faite**.*

▶ Formation

Les participes passés réguliers se forment comme suit :

marcher ➤ marché

choisir ➤ choisi

répondre ➤ répondu

Principaux participes passés irréguliers :

apprendre	**appris**	parvenir	**parvenu**
asseoir	**assis**	permettre	**permis**
avoir	**eu**	plaire	**plu**
boire	**bu**	pleuvoir	**plu**
comprendre	**compris**	poursuivre	**poursuivi**
conduire	**conduit**	pouvoir	**pu**
connaître	**connu**	prendre	**pris**
reconnaître	**reconnu**	apprendre	**appris**
courir	**couru**	comprendre	**compris**
craindre	**craint**	promettre	**promis**
croire	**cru**	recevoir	**reçu**
découvrir	**découvert**	reconnaître	**reconnu**
décrire	**décrit**	remettre	**remis**
devenir	**devenu**	revenir	**revenu**
devoir	**dû (due, dus, dues)**	rire	**ri**
dire	**dit**	savoir	**su**
écrire	**écrit**	souffrir	**souffert**
éteindre	**éteint**	souvenir (se)	**souvenu**
être	**été**	suivre	**suivi**
faire	**fait**	poursuivre	**poursuivi**
joindre	**joint**	taire	**tu**
lire	**lu**	tenir	**tenu**
mettre	**mis**	obtenir	**obtenu**
permettre	**permis**	traduire	**traduit**
promettre	**promis**	venir	**venu**
remettre	**remis**	devenir	**devenu**
mourir	**mort**	parvenir	**parvenu**
naître	**né**	revenir	**revenu**
obtenir	**obtenu**	vivre	**vécu**
offrir	**offert**	voir	**vu**
ouvrir	**ouvert**	vouloir	**voulu**

5 Le participe présent

▶ **Emploi**

Le participe présent s'emploie :

℮ pour indiquer qu'une action se passe en même temps qu'une autre action.

> *Un jour, **marchant** dans la rue, elle a trouvé la solution à son problème.*

℮ pour rendre une phrase plus courte.

> *parlant*
> *Une personne ~~qui parle~~ deux langues a plus de chances de se trouver un emploi.*

℮ avec *en* pour exprimer une circonstance de cause, de temps ou de manière.

> *Il est arrivé **en courant**.*
> (*en courant* indique la manière, c'est-à-dire comment il est arrivé)
> *Elle écoute de la musique **en étudiant**.*
> (*en étudiant* indique le temps, c'est-à-dire quand elle écoute de la musique.)
> *Elle s'est fracturé le bras **en tombant**.*
> (*en tombant* indique la cause, c'est-à-dire pourquoi elle s'est fracturé le bras.)

> **Remarque** : *En* + un participe présent s'appelle aussi le gérondif. Cet emploi est aussi parfois très pratique pour rendre des phrases plus courtes.
> *En arrivant*
> ~~Quand nous sommes arrivés~~ *à l'hôtel, nous nous sommes couchés.*

► Formation

Le participe présent se termine toujours en *-ant.*

marcher ►	march**ant**
choisir ►	choisiss**ant**
répondre ►	répond**ant**
vouloir ►	voul**ant**

Forme négative : ne marchant pas / en ne marchant pas

En règle générale, le participe présent se forme en remplaçant
-ons de la première personne du pluriel du présent de l'indicatif
par *-ant.*

présent de l'indicatif	participe présent
nous finiss**ons** ►	finiss**ant**
nous fais**ons** ►	fais**ant**

Exceptions :

avoir ►	ayant
être ►	étant
savoir ►	sachant

Attention!

Ne pas confondre le participe présent
avec la forme en *-ant* des adjectifs. Le participe présent ne
s'accorde pas, tandis que l'adjectif en *-ant* s'accorde en genre et
en nombre avec le nom qu'il accompagne.

Exemples :   *une époque **marquante***
              *des moments **reposants***

6 L'impératif présent et l'impératif passé

 L'impératif présent

▶ **Emploi**

L'impératif sert à :

@ suggérer.

> *Buvez du lait, c'est bon pour la santé!*
>
> *Allons au cinéma ce soir!*

@ conseiller.

> *Mettez votre chapeau, il y a beaucoup de soleil!*

@ donner des instructions.

> *Tournez à droite!*

@ donner des ordres.

> *Ferme la porte!*
>
> *N'entrez pas!*
>
> **Remarque :** Il n'est cependant pas très poli de demander à quelqu'un de faire quelque chose en utilisant l'impératif. On peut dire : *Voudrais-tu fermer la porte, s'il te plaît? Prière de ne pas entrer.*)

▶ **Formation**

L'impératif présent a trois formes.

> Exemples : Pars!
>
> Partons!
>
> Partez!

L'impératif présent se forme sur le présent de l'indicatif et s'utilise sans pronom sujet : ~~tu~~ pars, ~~nous~~ partons, ~~vous~~ partez. Pour les verbes en -*er* (et certains verbes en -*ir* comme ouvrir), il n'y a pas de *s* à la deuxième personne du singulier:

Présent		Impératif
tu marches	►	Marche!
tu ouvres	►	Ouvre!

Modèles pour la plupart des verbes :

MARCHER	CHOISIR	RÉPONDRE
Marche!	Choisis!	Réponds!
Marchons!	Choisissons!	Répondons!
Marchez!	Choisissez!	Répondez!

Forme négative: Ne marche pas!

Exceptions :

avoir	être	savoir	vouloir		
Aie!	Sois!	Sache!	Veuille!	*ou*	Veux!
Ayons!	Soyons!	Sachons!	Veuillons!	*ou*	Voulons!
Ayez!	Soyez!	Sachez!	Veuillez!	*ou*	Voulez!

Modèle pour les verbes pronominaux :

se reposer
Repose-toi!
Reposons-nous!
Reposez-vous!

Forme négative : Ne te repose pas!

L'impératif passé

▶ **Emploi**

L'impératif passé est beaucoup moins utilisé. Il s'emploie pour indiquer qu'une action devra être accomplie à un moment précis du futur.

> *Aie fini ton travail demain à midi!*
>
> *Soyez partis avant que j'arrive!*
>
> (On pense à l'action achevée dans un avenir plus ou moins proche.)

▶ **Formation**

auxiliaire *avoir* ou *être* à l'impératif présent	**+**	participe passé

Aie fini!	Sois arrivé/e!
Ayons fini!	Soyons arrivés / arrivées!
Ayez fini!	Soyez arrivé / arrivés / arrivée / arrivées!

Forme négative : N'aie pas fini!

7 Le passé composé

Les participes passés irréguliers se trouvent à la page 164.

▶ **Emploi**

Le passé composé s'utilise pour décrire un fait ou un événement qui s'est produit à un moment précis dans le passé ou qui a duré une période précise, mais qui ne s'est pas répété.

> *Hier, la police **a arrêté** le suspect dans cette affaire.*
>
> *J'**ai habité** Winnipeg pendant trois ans.*
>
> *Nous **sommes partis** dès qu'il **est arrivé**.*

▶ Formation

Les verbes réguliers se conjuguent comme suit :

Modèles pour les verbes conjugués avec *avoir* dont le participe passé est régulier :

MARCHER	CHOISIR	RÉPONDRE
j'ai	j'ai	j'ai
tu as	tu as	tu as
il / elle / on a marché	il / elle / on a choisi	il / elle / on a répondu
nous avons	nous avons	nous avons
vous avez	vous avez	vous avez
ils / elles ont	ils / elles ont	ils / elles ont

Forme négative : je n'ai pas marché

Modèles pour les verbes que se conjuguent avec *être* : aller, arriver, descendre, entrer (rentrer), monter, mourir, naître, partir, rester, retourner, sortir, tomber, venir (revenir, devenir, parvenir) :

aller

je suis allé/e
tu es allé/e
il / on est allé
elle est allée
nous sommes allés / allées
vous êtes allé / allée / allés / allées
ils sont allés
elles sont allées

Modèles pour les verbes pronominaux :

se reposer

je me suis reposé/e
tu t'es reposé/e
il / on s'est reposé
elle s'est reposée
nous nous sommes reposés / reposées
vous vous êtes reposé / reposée / reposés / reposées
ils se sont reposés
elles se sont reposées

Les participes passés irréguliers se trouvent à la page 164.

Forme négative : je ne me suis pas reposé/e

8 L'imparfait et le plus-que-parfait

L'imparfait

▶ **Emploi**

L'imparfait sert à :

 décrire un lieu, une personne, un état ou des circonstances
qui font partie d'un fait passé.

> *La maison **était** dans un désordre total.*
>
> *Elle **avait** de beaux cheveux longs.*
>
> *Il ne **faisait** pas tellement beau cette journée-là.*
>
> *Nous **avions** 15 ans à cette époque-là.*

 décrire un fait qui a duré un certain temps dans le passé ou
un fait qui s'est répété souvent (un fait habituel).

> *Nous **jouions** souvent à ce jeu quand nous **étions** jeunes.*
>
> *Nous **habitions** en Europe cette année-là.*

ℓ décrire un fait qui est en cours dans le passé quand un autre fait a lieu.

> Il **parlait** au téléphone quand nous sommes entrés dans son bureau.
>
> Nous **marchions** dans la rue quand nous l'avons vu.

Formation

Pour conjuguer tous les verbes réguliers et irréguliers (sauf *être*) à l'imparfait, on prend la première personne du pluriel du présent de l'indicatif et on remplace *-ons* par les terminaisons de l'imparfait : *-ais, -ais, -ait, -ions, -iez, -aient.*

	Présent	Imparfait
avoir	nous av**ons**	j'av**ais**, tu av**ais**, il / elle / on av**ait**, nous av**ions**, vous av**iez**, ils / elles av**aient**

Modèles pour tous les verbes sauf *être* :

MARCHER	CHOISIR	RÉPONDRE
je march**ais**	je choisiss**ais**	je répond**ais**
tu march**ais**	tu choisiss**ais**	tu répond**ais**
il / elle / on march**ait**	il / elle / on choisiss**ait**	il / elle / on répond**ait**
nous march**ions**	nous choisiss**ions**	nous répond**ions**
vous march**iez**	vous choisiss**iez**	vous répond**iez**
ils / elles march**aient**	ils / elles choisiss**aient**	ils / elles répond**aient**

Forme négative : je ne marchais pas

Exception :

être
j'étais
tu étais
il / elle / on était
nous étions
vous étiez
ils / elles étaient

Modèle pour les verbes pronominaux :

se reposer

je me reposais
tu te reposais
il / elle / on se reposait
nous nous reposions
vous vous reposiez
ils se reposaient

Forme négative : je ne me reposais pas

 Le plus-que-parfait

▶ **Emploi**

Le plus-que-parfait s'utilise pour décrire un fait passé qui en précédait un autre.

> *Notre enquête a révélé que le suspect **avait acheté** son arme deux jours avant de commettre son crime.*
>
> *Quand je suis arrivé, on m'a dit qu'elle **était partie** dix minutes plus tôt.*

▶ **Formation**

Les verbes réguliers se conjuguent comme suit :

sujet	**+**	auxiliaire *avoir* ou *être* à l'imparfait	**+**	participe passé

Modèles pour les verbes conjugués avec *avoir* dont le participe passé est régulier :

MARCHER

j'avais
tu avais
il / elle / on avait
nous avions
vous aviez
ils / elles avaient

marché

CHOISIR

j'avais
tu avais
il / elle / on avait
nous avions
vous aviez
ils / elles avaient

choisi

RÉPONDRE

j'avais
tu avais
il / elle / on avait
nous avions
vous aviez
ils / elles avaient

répondu

Forme négative : je n'avais pas marché

Modèle pour les verbes qui se conjuguent avec *être* : aller, arriver, descendre, entrer (rentrer), monter, mourir, naître, partir, rester, retourner, sortir, tomber, venir (revenir, devenir, parvenir)

aller

j'étais allé/e
tu étais allé/e
il / on était allé
elle était allée
nous étions allés / allées
vous étiez allé / allée / allés / allées
ils étaient allés
elles étaient allées

Modèle pour les verbes pronominaux :

se reposer

je m'étais reposé/e
tu t'étais reposé/e
il / on s'était reposé
elle s'était reposée
nous nous étions reposés / reposées
vous vous étiez reposé / reposée / reposés / reposées
ils s'étaient reposés
elles s'étaient reposées

Les participes passés **irréguliers** se trouvent à la page 164.

Forme négative : je ne m'étais pas reposé/e

9 Le futur avec *aller*

▶ Emploi

Le futur avec *aller* s'appelle aussi le futur proche. On l'appelle ainsi parce que souvent il indique qu'une action va se passer dans un avenir prochain, donc très bientôt. Cependant, ce n'est pas toujours le cas.

Utiliser le futur avec *aller* au lieu du futur simple (voir page 176) est souvent une question de préférence. Il est vrai qu'on a souvent tendance à utiliser le futur simple pour des faits futurs très éloignés. (*On ira peut-être sur Mars dans une centaine d'années.*) Cependant, on l'utilise aussi pour des faits qui vont se produire très bientôt (*J'irai te voir demain.*). On préfère aussi le futur simple au futur avec *aller* dans des phrases négatives ou dans des parties de phrases complexes (par exemple faisant utilisation de pronoms). Considère ces exemples qui sont tout aussi corrects les uns que les autres :

Futur avec *aller*	Futur simple
Je ne vais pas lui dire cela.	*Je ne lui dirai pas cela.*
Nous n'allons pas y manger.	*Nous n'y mangerons pas.*

▶ Formation

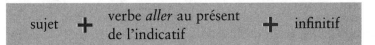

Modèle pour tous les verbes :

je vais
tu vas
il / elle / on va
nous allons   marcher, choisir, répondre
vous allez
ils / elles vont

Forme négative : je ne vais pas marcher

10 # Le futur simple et le futur antérieur

 ## Le futur simple

▶ **Emploi**

Le futur simple sert à :

@ exprimer un fait futur.

> *Je **partirai** en voyage dans deux semaines.*

@ faire des prédictions.

> *En l'an 2050, je crois qu'il n'y **aura** plus de journaux. On **lira** les nouvelles sur l'écran de son ordinateur.*

@ énoncer des conséquences.

> *Si tu ne pars pas tout de suite, tu **arriveras** en retard.*

▶ **Formation**

Les verbes réguliers se conjuguent comme suit :

> sujet **+** infinitif (les verbes en -*re* perdent leur *e*) + les terminaisons suivantes : *-ai, -as,-a,-ons, -ez, -ont*

Modèles pour les verbes réguliers :

MARCHER	CHOISIR	RÉPONDRE
je marcherai	je choisirai	je répondrai
tu marcheras	tu choisiras	tu répondras
il / elle / on marchera	il / elle / on choisira	il / elle / on répondra
nous marcherons	nous choisirons	nous répondrons
vous marcherez	vous choisirez	vous répondrez
ils / elles marcheront	ils / elles choisiront	ils / elles répondront

Forme négative : je ne marcherai pas

Quelques verbes irréguliers (ou avec changements d'orthographe) :

aller	j'irai, tu iras, il / elle / on ira, nous irons, vous irez, ils / elles iront
avoir	j'aurai, tu auras, il / elle / on aura, nous aurons, vous aurez, ils / elles auront
courir	je courrai, tu courras, il / elle / on courra, nous courrons, vous courrez, ils / elles courront
devoir	je devrai, tu devras, il / elle / on devra, nous devrons, vous devrez, ils / elles devront
être	je serai, tu seras, il / elle / on sera, nous serons, vous serez, ils / elles seront
faire	je ferai, tu feras, il / elle / on fera, nous ferons, vous ferez, ils / elles feront
lever (se)	je (me) lèverai, tu (te) lèveras, il / elle / on (se) lèvera, nous (nous) lèverons, vous (vous) lèverez, ils (se) lèveront
mener	je mènerai, tu mèneras, il / elle / on mènera, nous mènerons, vous mènerez, ils / elles mèneront
pouvoir	je pourrai, tu pourras, il / elle / on pourra, nous pourrons, vous pourrez, ils / elles pourront
recevoir	je recevrai, tu recevras, il / elle / on recevra, nous recevrons, vous recevrez, ils / elles recevront
savoir	je saurai, tu sauras, il / elle / on saura, nous saurons, vous saurez, ils / elles sauront
tenir	je tiendrai, tu tiendras, il / elle / on tiendra, nous tiendrons, vous tiendrez, ils / elles tiendront
voir	je verrai, tu verras, il / elle / on verra, nous verrons, vous verrez, ils / elles verront
vouloir	je voudrai, tu voudras, il / elle / on voudra, nous voudrons, vous voudrez, ils / elles voudront

Modèle pour les verbes pronominaux :

se reposer

je me reposerai
tu te reposeras
il / elle / on se reposera
nous nous reposerons
vous vous reposerez
ils se reposeront

Forme négative : je ne me reposerai pas

Le futur antérieur

▶ Emploi

Le futur antérieur sert à :

🖎 exprimer qu'un fait sera accompli à un moment à venir.

> *J'**aurai fini** mon travail dans dix minutes.*
> *Nous **aurons fait** fortune dans cinq ans.*

🖎 exprimer qu'un fait en précédera un autre à un moment à venir.

> *Dès qu'il **aura fini** de manger, il te téléphonera.*
> *Dépêchez-vous, sinon elle **sera partie** quand vous arriverez.*

▶ Formation

Les verbes réguliers se conjuguent comme suit :

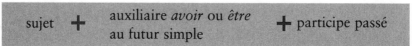

| sujet **+** | auxiliaire *avoir* ou *être* au futur simple | **+** participe passé |

Modèles pour les verbes conjugués avec *avoir* dont le participe passé est régulier :

MARCHER	CHOISIR	RÉPONDRE
j'aurai	j'aurai	j'aurai
tu auras	tu auras	tu auras
il / elle / on aura — marché	il / elle / on aura — choisi	il / elle / on aura — répondu
nous aurons	nous aurons	nous aurons
vous aurez	vous aurez	vous aurez
ils / elles auront	ils / elles auront	ils / elles auront

Forme négative : je n'aurai pas marché

Modèle pour les verbes qui se conjuguent avec *être* : aller, arriver, descendre, entrer (rentrer), monter, mourir, naître, partir, rester, retourner, sortir, tomber, venir (revenir, devenir, parvenir) :

aller

je serai allé/e
tu seras allé/e
il / on sera allé
elle sera allée
nous serons allés / allées
vous serez allé / allée / allés / allées
ils seront allés
elles seront allées

Modèle pour les verbes pronominaux :

se reposer

je me serai reposé/e
tu te seras reposé/e
il / on se sera reposé
elle se sera reposée
nous nous serons reposés / reposées
vous vous serez reposé / reposée / reposés / reposées
ils se seront reposés
elles se seront reposées

Forme négative : je ne me serai pas reposé/e

Les participes passés irréguliers se trouvent à la page 164.

11 Le conditionnel présent et le conditionnel passé

Le conditionnel présent

▶ **Emploi**

Le conditionnel présent sert à :

@ exprimer un désir, un souhait.

> *J'aimerais aller en voyage.*

@ parler d'une action possible ou hypothétique.

> *Il **pourrait** pleuvoir demain.*
>
> *Qu'est-ce que tu **ferais** à ma place?*

@ parler d'une action possible ou hypothétique liée à une condition.

> *Si j'avais de l'argent, j'**achèterais** une nouvelle bicyclette.*
> (condition)   (action possible)

@ être poli/e.

> ***Pourriez**-vous m'aider, s'il vous plaît?*
>
> *Est-ce que tu **pourrais** fermer la porte, s'il te plaît?*

@ exprimer le futur dans le passé.

> *Elle pensait qu'il **arriverait** le 2 avril.*

@ exprimer un fait dont on n'est pas sûr.

> *Elle **aurait** dix-neuf ans.*
>
> *Il y **aurait** plusieurs blessés dans cet accident.*

▶ Formation

Les verbes réguliers se conjuguent comme suit :

sujet **+**	infinitif (les verbes en *-re* perdent leur *e*) + les terminaisons suivantes : *-ais, -ais, -ait, -ions, -iez, -aient*

Modèles pour les verbes réguliers :

MARCHER	CHOISIR	RÉPONDRE
je marcher**ais**	je choisir**ais**	je répondr**ais**
tu marcher**ais**	tu choisir**ais**	tu répondr**ais**
il / elle / on marcher**ait**	il / elle / on choisir**ait**	il / elle / on répondr**ait**
nous marcher**ions**	nous choisir**ions**	nous répondr**ions**
vous marcher**iez**	vous choisir**iez**	vous répondr**iez**
ils / elles marcher**aient**	ils / elles choisir**aient**	ils / elles répondr**aient**

Forme négative : je ne marcherais pas

Quelques verbes irréguliers (ou avec changements d'orthographe) :

aller	j'irais, tu irais, il / elle / on irait, nous irions, vous iriez, ils / elles iraient
avoir	j'aurais, tu aurais, il / elle / on aurait, nous aurions, vous auriez, ils / elles auraient
courir	je courrais, tu courrais, il / elle / on courrait, nous courrions, vous courriez, ils / elles courraient
devoir	je devrais, tu devrais, il / elle / on devrait, nous devrions, vous devriez, ils / elles devraient
être	je serais, tu serais, il / elle / on serait, nous serions, vous seriez, ils / elles seraient
faire	je ferais, tu ferais, il / elle / on ferait, nous ferions, vous feriez, ils / elles feraient
lever (se)	je (me) lèverais, tu (te) lèverais, il / elle / on (se) lèverait, nous (nous) lèverions, vous (vous) lèveriez, ils / elles (se) lèveraient
mener	je mènerais, tu mènerais, il / elle / on mènerait, nous mènerions, vous mèneriez, ils / elles mèneraient
pouvoir	je pourrais, tu pourrais, il / elle / on pourrait, nous pourrions, vous pourriez, ils / elles pourraient

recevoir	je recevrais, tu recevrais, il / elle / on recevrait, nous recevrions, vous recevriez, ils / elles recevraient
savoir	je saurais, tu saurais, il / elle / on saurait, nous saurions, vous sauriez, ils / elles sauraient
tenir	je tiendrais, tu tiendrais, il / elle / on tiendrait, nous tiendrions, vous tiendriez, ils / elles tiendraient
voir	je verrais, tu verrais, il / elle / on verrait, nous verrions, vous verriez, ils / elles verraient
vouloir	je voudrais, tu voudrais, il / elle / on voudrait, nous voudrions, vous voudriez, ils / elles voudraient

Modèle pour les verbes pronominaux :

se reposer

je me reposerais
tu te reposerais
il / elle / on se reposerait
nous nous reposerions
vous vous reposeriez
ils se reposeraient

Forme négative : je ne me reposerais pas

 Le conditionnel passé

▶ **Emploi**

Le conditionnel passé sert à :

@ parler d'une action qui aurait pu se réaliser, mais qui ne s'est pas réalisée parce qu'elle était liée à une condition passée.

> *Si j'avais eu de l'argent, j'**aurais acheté** une nouvelle bicyclette.*

@ parler d'une action qui aurait pu se réaliser mais qui ne s'est pas réalisée.

> *Il **aurait pu** pleuvoir hier. (Mais il n'a pas plu.)*
> *Qu'est-ce que tu **aurais fait** à ma place?*

@ exprimer un regret.

> *J'aurais aimé que tu viennes à mon party.*

@ suggérer une alternative à une action passée.

> *Au lieu de prendre l'autobus, tu **aurais dû** prendre le train.*
>
> *À ta place, je **serais parti/e** tout de suite.*

@ exprimer un fait dont on n'est pas sûr.

> *Elle **aurait eu** dix-neuf ans la semaine dernière.*
>
> *Il y **aurait eu** plusieurs blessés dans l'accident qui s'est produit le mois dernier.*

▶ **Formation**

Les verbes réguliers se conjuguent comme suit :

sujet +	auxiliaire *avoir* ou *être* au conditionnel présent +	participe passé

Modèles pour les verbes conjugués avec *avoir* dont le participe passé est régulier :

MARCHER

j'aurais
tu aurais
il / elle / on aurait
nous aurions   marché
vous auriez
ils / elles auraient

CHOISIR

j'aurais
tu aurais
il / elle / on aurait
nous aurions   choisi
vous auriez
ils / elles auraient

RÉPONDRE

j'aurais
tu aurais
il / elle / on aurait
nous aurions   répondu
vous auriez
ils / elles auraient

Forme négative : je n'aurais pas marché

Modèle pour les verbes qui se conjuguent avec *être* : aller, arriver, descendre, entrer (rentrer), monter, mourir, naître, partir, rester, retourner, sortir, tomber, venir (revenir, devenir, parvenir) :

aller

je serais allé/e
tu serais allé/e
il / on serait allé
elle serait allée
nous serions allés / allées
vous seriez allé / allée / allés / allées
ils seraient allés
elles seraient allées

Modèle pour les verbes pronominaux :

se reposer

je me serais reposé/e
tu te serais reposé/e
il / on se serait reposé
elle se serait reposée
nous nous serions reposés / reposées
vous vous seriez reposé / reposée / reposés / reposées
ils se seraient reposés
elles se seraient reposées

Forme négative : je ne me serais pas reposé/e

Les participes passés irréguliers se trouvent à la page 164.

12 Le subjonctif présent et le subjonctif passé

 Le subjonctif présent

▶ **Emploi**

Le subjonctif exprime une action considérée dans la pensée plutôt que dans la réalité. C'est le mode de la possibilité, du doute, de la nécessité, du regret, de la joie, de la surprise, du désir, de l'incertitude, du souhait, de la crainte, de la supposition.

Le subjonctif s'utilise après des verbes ou expressions de :

possibilité : Il est possible que...
Il se peut que...
Il est (peu) probable que...

doute : Je ne pense pas que...
Je ne crois pas que...
Je doute que...
Je ne suis pas sûr/e que...

nécessité : Il faut que...
Il est nécessaire / essentiel que...
Il est important que...
Il vaut mieux que...
Il est préférable que...

regret : Il est dommage que...
Je regrette que...
Je suis désolé/e que...

joie : Je suis heureux / heureuse que...
Je suis content/e que...

surprise : Je suis surpris/e que...
Je m'étonne que...
Ça m'étonne que...
Il est surprenant que...

désir : Je désire que...
J'aime que...
Je préfère que...
Je rêve que...
Je souhaite que...
Je veux que...
Je n'espère pas que...

Les expressions *Je crois que*, *Je pense que* et
J'espère que ne sont pas suivies du subjonctif, mais de **l'indicatif**.
(Exemple : *Je crois / Je pense / J'espère qu'il pourra venir ce soir.*)

⦿ Le subjonctif s'utilise après les conjonctions suivantes:

temps : avant que, jusqu'à ce que

condition : à condition que, pourvu que

but : afin que, pour que

restriction : à moins que, sans que, de crainte que

concession : bien que, malgré (le fait) que, quoique, en admettant que

⦿ Le subjonctif s'utilise aussi dans les cas suivants :

- avec le superlatif : *Cette personne est la meilleure qui soit.*
- avec *ne...rien* et *ne...personne* : *Il n'y a rien que le docteur puisse faire?*
- avec *que* dans des expressions exclamatives : *Que notre équipe soit la gagnante*!

▶ **Formation**

Pour conjuguer la plupart des verbes au subjonctif, on prend la
troisième personne du pluriel du présent de l'indicatif et on
remplace **-ent** par les terminaisons du subjonctif : **-e, -es, -e,
-ions, -iez, -ent.** Les verbes au subjonctif sont toujours précédés
de la conjonction *que*.

	Présent	Subjonctif
finir	ils finiss**ent**	que je finiss**e**, que tu finiss**es**, qu'il / elle / on finiss**e**, que nous finiss**ions**, que vous finiss**iez**, qu'ils / elles finiss**ent**

Modèles pour les verbes réguliers :

MARCHER	CHOISIR	RÉPONDRE
que je marche	que je choisisse	que je réponde
que tu marches	que tu choisisses	que tu répondes
qu'il / elle / on marche	qu'il / elle / on choisisse	qu'il / elle / on réponde
que nous marchions	que nous choisissions	que nous répondions
que vous marchiez	que vous choisissiez	que vous répondiez
qu'ils / elles marchent	qu'ils / elles choisissent	qu'ils / elles répondent

Forme négative : que je ne marche pas

Modèle pour les verbes pronominaux :

se reposer
que je me repose
que tu te reposes
qu'il / elle / on se repose
que nous nous reposions
que vous vous reposiez
qu'ils / elles se reposent

Forme négative : que je ne me repose pas

Verbes irréguliers :

aller   que j'aille, que tu ailles, qu'il / elle / on aille, que nous allions, que vous alliez, qu'ils / elles aillent

avoir   que j'aie, que tu aies, qu'il / elle / on ait, que nous ayons, que vous ayez, qu'ils / elles aient

être   que je sois, que tu sois, qu'il / elle / on soit, que nous soyons, que vous soyez, qu'ils / elles soient

faire   que je fasse, que tu fasses, qu'il / elle / on fasse, que nous fassions, que vous fassiez, qu'ils / elles fassent

prendre   que je prenne, que tu prennes, qu'il / elle / on prenne, que nous prenions, que vous preniez, qu'ils / elles prennent

pouvoir   que je puisse, que tu puisses, qu'il / elle / on puisse, que nous puissions, que vous puissiez, qu'ils / elles puissent

savoir	que je sache, que tu saches, qu'il / elle / on sache, que nous sachions, que vous sachiez, qu'ils / elles sachent
valoir	que je vaille, que tu vailles, qu'il / elle / on vaille, que nous valions, que vous valiez, qu'ils / elles vaillent
vouloir	que je veuille, que tu veuilles, qu'il / elle / on veuille, que nous voulions, que vous vouliez, qu'ils / elles veuillent

Le subjonctif passé

Emploi

Le subjonctif passé s'utilise avec les mêmes expressions et conjonctions que le subjonctif présent. On utilise le *subjonctif présent* quand on parle de quelque chose qu'on envisage dans le présent ou dans le futur et on utilise le *subjonctif passé* quand on parle de quelque chose qu'on envisage dans le passé.

> *Il est dommage qu'il **ait eu** cet accident.*
> *Pourvu qu'il **soit parti** quand on va arriver.*

Formation

Les verbes réguliers se conjuguent comme suit :

que	**+**	sujet	**+**	auxiliaire *avoir* ou *être* au subjonctif présent	**+**	participe passé

Modèles pour les verbes conjugués avec *avoir* dont le participe passé est régulier :

MARCHER

que j'aie
que tu aies
qu'il / elle / on ait
que nous ayons   marché
que vous ayez
qu'ils / elles aient

CHOISIR

que j'aie
que tu aies
qu'il / elle / on ait
que nous ayons   choisi
que vous ayez
qu'ils / elles aient

RÉPONDRE

que j'aie
que tu aies
qu'il / elle / on ait
que nous ayons   répondu
que vous ayez
qu'ils / elles aient

Forme négative : que je n'aie pas marché

Modèle pour les verbes qui se conjuguent avec *être* : aller, arriver, descendre, entrer (rentrer), monter, mourir, naître, partir, rester, retourner, sortir, tomber, venir (revenir, devenir, parvenir) :

aller

que je sois allé/e
que tu sois allé/e
qu'il / on soit allé
qu'elle soit allée
que nous soyons allés / allées
que vous soyez allé / allée / allés / allées
qu'ils soient allés
qu'elles soient allées

Modèle pour les verbes pronominaux :

se reposer

que je me sois reposé/e
que tu te sois reposé/e
qu'il / on se soit reposé
qu'elle se soit reposée
que nous nous soyons reposés / reposées
que vous vous soyez reposé / reposée / reposés / reposées
qu'ils se soient reposés
qu'elles se soient reposées

Forme négative : que je ne me sois pas reposé/e

 13 Le passé simple

> Les participes passés irréguliers se trouvent à la page 164.

▶ **Emploi**

Le passé simple sert à exprimer un fait complètement achevé à un moment déterminé du passé. Il convient particulièrement à la narration. On l'utilise surtout à la troisième personne du singulier et du pluriel. Dans la langue parlée, le passé simple est très rarement utilisé. Oralement, et même par écrit, on utilise plutôt le passé composé.

Formation

Les terminaisons des verbes au passé simple sont en général comme suit :

Pour les verbes en *-er*	Pour la plupart des verbes en *-ir* et en *-re* et pour *asseoir* et *voir*	Pour la plupart des verbes en *-oir*, pour **courir** et **mourir** et pour certains verbes en *-re* (comme *boire, conclure, connaître, croire, croître, être, exclure, lire, paraître, plaire, résoudre, taire, vivre*)
-ai	-is	-us
-as	-is	-us
-a	-it	-ut
-âmes	-îmes	-ûmes
-âtes	-îtes	-ûtes
-èrent	-irent	-urent
Exemple :	Exemples :	Exemples :
MARCHER	CHOISIR	VOULOIR
je marchai	je choisis	je voulus
tu marchas	tu choisis	tu voulus
il / elle / on marcha	il / elle / on choisit	il / elle / on voulut
nous marchâmes	nous choisîmes	nous voulûmes
vous marchâtes	vous choisîtes	vous voulûtes
ils / elles marchèrent	ils / elles choisirent /	ils / elles voulurent
	RÉPONDRE	LIRE
	je répondis	je lus
	tu répondis	tu lus
	il / elle / on répondit	il / elle / on lut
	nous répondîmes	nous lûmes
	vous répondîtes	vous lûtes
	ils / elles répondirent	ils / elles lurent

Certains verbes sont plus difficiles que d'autres à reconnaître. En voici des exemples :

avoir	j'eus, tu eus, il / elle / on eut, nous eûmes, vous eûtes, ils / elles eurent
devoir	je dus, tu dus, il / elle / on dut, nous dûmes, vous dûtes, ils / elles durent
être	je fus, tu fus, il / elle / on fut, nous fûmes, vous fûtes, ils / elles furent
faire	je fis, tu fis, il / elle / on fit, nous fîmes, vous fîtes, ils / elles firent
mettre	je mis, tu mis, il / elle / on mit, nous mîmes, vous mîtes, ils / elles mirent
pouvoir	je pus, tu pus, il / elle / on put, nous pûmes, vous pûtes, ils / elles purent
prendre	je pris, tu pris, il / elle / on prit, nous prîmes, vous prîtes, ils / elles prirent
savoir	je sus, tu sus, il / elle / on sut, nous sûmes, vous sûtes, ils /elles surent
tenir	je tins, tu tins, il / elle / on tint, nous tînmes, vous tîntes, ils / elles tinrent
venir	je vins, tu vins, il / elle / on vint, nous vînmes, vous vîntes, ils / elles vinrent
vivre	je vécus, tu vécus, il / elle / on vécut, nous vécûmes, vous vécûtes, ils / elles vécurent
voir	je vis, tu vis, il / elle / on vit, nous vîmes, vous vîtes, ils / elles virent

14 Les verbes pronominaux

▶ Comment reconnaître les verbes pronominaux?

 Les verbes pronominaux sont accompagnés d'un pronom personnel (*me, te, se, nous, vous*) qui représente le sujet parce que ce sujet est à la fois l'auteur et l'objet de l'action.

Exemples au présent de l'indicatif :

> *Je me lève à six heures tous les matins.*
> *Tu te moques de moi?*
> *Il s'amuse bien.*
> *Nous nous disputons souvent.*
> *Vous ne vous connaissez pas?*
> *Ils ne se parlent pas souvent.*

Consulte les tableaux de verbes pour la conjugaison des verbes pronominaux aux différents temps et modes.

 À l'infinitif (dans les dictionnaires, lexiques, etc.), les verbes pronominaux sont précédés du pronom *se (s')*.

- Il y a des verbes pronominaux réfléchis : l'action porte sur le sujet. (*Marie s'est blessée. Je me lave.*)

- Il y a des verbes pronominaux réciproques : deux ou plusieurs sujets agissent l'un sur l'autre ou les uns sur les autres. (*Nous nous disputons souvent. Ils se sont aimés. Elles se sont rencontrées hier.*) Les verbes pronominaux réciproques ne s'emploient qu'au pluriel.

- Il y a des verbes essentiellement pronominaux : ils ne sont jamais conjugués sans le pronom réfléchi (me, te, se, nous, vous). (*Je me souviens très bien de mon professeur de 3e année.*)

- Beaucoup de verbes pronominaux décrivent des relations humaines, des émotions et des sentiments. En voici des exemples :

s'aider	se disputer	se moquer
s'aimer	s'embrasser	se quitter
s'amuser	s'encourager	se réconcilier
se battre	s'ennuyer	se rencontrer
se blesser	s'excuser	se respecter
se chicaner	se fâcher	se ressembler
se compléter	se fiancer	se sentir (bien /
se confier	se haïr	à l'aise, mal)
se connaître	se lier d'amitié	se voir
se détester	se marier	

> ▶ **Quand faire l'accord du participe passé dans les temps composés?**

- Les temps composés (comme le passé composé, le futur antérieur, le conditionnel passé et le plus-que-parfait) se forment avec un auxiliaire et un participe passé. Avec les verbes pronominaux, on utilise toujours l'auxiliaire *être*. On fait donc presque toujours l'accord du participe passé avec le sujet du verbe, mais pas toujours. (Voir la page suivante.)

@ Le participe passé des verbes pronominaux réfléchis ou réciproques s'accorde avec le complément d'objet direct (c'est-à-dire un complément qui répond à la question *qui?*) qui précède le verbe.

> *Elle s'est habillée.* (Elle a habillé qui? Elle.)
>
> *Ils se sont aimés.* (Ils ont aimé qui? Eux.)
>
> *Elles se seraient réconciliées.* (Elles auraient réconcilié qui? Elles.)

@ Pour les verbes essentiellement pronominaux, l'accord du participe passé se fait toujours avec le sujet du verbe.

> *Elle s'est suicidée.*
>
> *Ils se sont exclamés de joie.*
>
> *Nous ne nous sommes pas moqués de lui.*

@ Le participe passé ne s'accorde pas si le complément d'objet direct suit le verbe ou si le pronom complément qui précède le verbe est indirect (c'est-à-dire qu'il répond à la question *à qui?*).

> *Elles se sont écrit des lettres.* (Elles ont écrit quoi? Des lettres. — Le complément d'objet direct est placé après le verbe.)
>
> *Ils se sont parlé.* (Ils ont parlé à qui? À eux. *Se* est complément d'objet indirect.)

15 La voix active et la voix passive

@ Les verbes transitifs (les verbes qui ont un complément d'objet direct) peuvent être employés à la voix active ou à la voix passive. À la voix passive, le complément d'objet direct devient le sujet du verbe. Le sujet devient complément d'agent précédé de la préposition *par*.

Exemple d'utilisation de la VOIX ACTIVE :

> *Le chat mange la souris.*

> (Le nom *la souris* est l'objet direct du verbe *mange*. Le nom *le chat* est le sujet du verbe *mange*.)

Exemple d'utilisation de la VOIX PASSIVE :

> *La souris est mangée par le chat.*

> (Le nom *la souris* est le sujet du verbe *est mangée*. Le nom *le chat* est le complément d'agent du verbe *est mangée*.)

❧ Pour mettre un verbe à la voix passive, on place l'auxiliaire *être* devant le participe passé du verbe :

> *Les joueurs sont (ont été) encouragés par les spectateurs.*

❧ Le passif peut aussi être employé **sans** complément d'agent.

> *Le voleur a été arrêté (par la police).*

❧ Le passif est peu employé dans la langue parlée : on utilise plus fréquemment une construction active.

> *La police a arrêté le voleur.*

❧ Souvent, on emploie la construction active avec le pronom indéfini *on* plutôt que la construction passive.

> *On a arrêté le voleur.*

16 La concordance des temps

Dans une phrase, le sens ainsi que le mode et le temps du verbe de la proposition principale règlent le mode et le temps de la proposition subordonnée.

Quand le verbe de la proposition principale est au PRÉSENT ou au FUTUR, le verbe de la subordonnée se met au temps voulu par le sens ou le contexte.

> *Je **sais** qu'il **aime** lire des livres d'aventures.*
>
> *Je **sais** qu'il **a aimé** lire les livres d'aventures que je lui ai prêtés.*
>
> *Je **sais** qu'il **aimera** lire les livres d'aventures que je lui prêterai.*
>
> *Je **saurai** bientôt s'il **a aimé** les livres d'aventures que je lui ai prêtés.*

Quand le verbe de la proposition principale est à un temps du PASSÉ, on utilise l'imparfait, le plus-que-parfait, le conditionnel ou le conditionnel passé dans la subordonnée selon le contexte de la phrase. (On ne peut pas utiliser le présent, le futur ou le passé composé.)

> *Je **savais** qu'il **aimait** les livres d'aventures.*
>
> *Je **savais** qu'il **avait aimé** les livres d'aventures que je lui avais prêtés l'année dernière.*
>
> *Je **savais** qu'il **aimerait** les livres que je lui prêterais.*
>
> *J'**ai su** par un de ses amis qu'il **aimait** les livres d'aventures.*
>
> *J'**ai su** par un de ses amis qu'il **aimerait** (**aurait aimé**) lire des livres d'aventures.*
>
> *J'**avais su** par un de ses amis qu'il **aurait aimé** lire des livres d'aventures.*

Quand on utilise un verbe au subjonctif présent dans la subordonnée, le verbe de la principale est au présent de l'indicatif, au futur, au conditionnel, au passé composé, au passé simple, à l'imparfait, ou au plus-que-parfait.

> *Je souhaite*
> *Je souhaiterai*
> *Je souhaiterais*
> *J'ai souhaité*   *qu'il aime les livres d'aventures.*
> *Je souhaitai*
> *Je souhaitais*
> *J'avais souhaité*

TABLEAU SYNTHÈSE

Principale	Subordonnée à l'indicatif ou au conditionnel
Présent ou Futur	Présent Imparfait Passé composé Passé simple Plus-que-parfait Futur Futur antérieur
Imparfait Passé composé Passé simple Plus-que-parfait Conditionnel passé	Imparfait Plus-que-parfait Conditionnel Conditionnel passé

Principale	Subordonnée au subjonctif
Présent Conditionnel Futur Passé composé Passé simple Imparfait Plus-que-parfait	Subjonctif présent

17 Le discours direct et le discours indirect

Quand on écrit une histoire ou un article, on doit souvent rapporter les paroles des personnes impliquées dans l'intrigue ou dans l'événement rapporté. Cela peut se faire avec le *discours direct* ou avec le *discours indirect*. Considère les exemples ci-dessous.

Le discours direct	Le discours indirect
On cite directement les paroles de quelqu'un en utilisant les guillemets.	On cite indirectement les paroles de quelqu'un sans utiliser les guillemets.
*Exemples avec le **présent** dans la proposition principale :*	
Elle dit : «J'**aime** l'aventure.»	Elle dit qu'elle **aime** l'aventure.
Elle lui demande : «**As-tu** faim?»	Elle lui demande s'il **a** faim.
«**Viens!**», lui crie-t-elle.	Elle lui crie **de venir**.
Il lui dit : «Ne **reviens** jamais!»	Il lui dit **de** ne jamais **revenir**.
*Exemples avec le **passé** dans la proposition principale :*	
Elle a dit : «Je ne **suis** pas coupable.»	Elle a dit qu'elle n'**était** pas coupable.
Il a répondu : «Je ne **veux** pas partir.»	Il a répondu qu'il ne **voulait** pas partir.
L'accusée a dit : Je n'**ai** pas **commis** ce crime.»	L'accusée a dit qu'elle n'**avait** pas **commis** ce crime.
La juge lui a dit : «Tu **passeras** dix mois en prison.»	La juge lui a dit qu'elle **passerait** dix mois en prison.
«Qu'est-ce que tu **fais** aujourd'hui?», lui a-t-elle demandé.	Elle lui a demandé ce qu'elle **faisait** ce jour-là.
«Qu'est-ce qui te **fâche** le plus?», lui ai-je demandé.	Je lui ai demandé ce qui le **fâchait** le plus.

Exemples avec le **passé** dans la proposition principale (suite) :	
Je lui ai demandé : «Est-ce que tu **es** heureuse?»	Je lui ai demandé si elle **était** heureuse.
Nous leur avons demandé : «Quand **arriverez**-vous?»	Nous leur avons demandé quand ils **arriveraient**.
J'ai insisté en lui disant : «Ne **parle** pas comme ça.»	J'ai insisté en lui disant **de ne pas parler** comme ça.
— Je **veux** rester ici avec toi. — Ce n'**est** pas possible.	Il a dit qu'il **voulait** rester là avec elle et elle a répondu que ce n'**était** pas possible.
Les temps et les modes suivants ne changent pas.	
Elle a dit : «J'**étais** heureuse à cette époque.»	Elle a dit qu'elle **était** heureuse à cette époque-là.
Il a dit : «Je ne l'**avais** jamais **vu** avant ce jour.»	Il a dit qu'il ne l'**avait** jamais **vu** avant ce jour-là.
«J'**aimerais** te voir demain», a-t-elle dit.	Elle a dit qu'elle **aimerait** le voir le lendemain.
Il a ajouté : «J'**aurais fait** l'impossible pour toi.»	Il a ajouté qu'il **aurait fait** l'impossible pour elle.

Tu as pu remarquer que :

- On utilise les verbes *dire, ajouter, crier, demander, déclarer, expliquer, insister, remarquer, répéter, répliquer, répondre, rétorquer* dans la proposition principale.

- On peut utiliser une citation à l'intérieur d'une phrase sans le deux-points (*«D'où viens-tu comme ça?», lui a-t-elle demandé. / Il lui a répété «Arrête! Arrête!» plusieurs fois, mais sans résultat.*)

- Dans un dialogue, les répliques des personnages sont simplement introduites par un tiret (—). On n'utilise pas les guillemets (« »).

- Quand le verbe de la proposition principale est au **présent**, le temps de la proposition subordonnée ne change pas. (Exception : impératif ➤ *de* + infinitif)

- Quand le verbe de la proposition principale est au **passé** (*Il déclara / Il a déclaré / Il déclarait / Il avait déclaré*), le temps de la proposition subordonnée change comme suit. (Voir aussi les exemples des pages 197 et 198.)

discours direct		discours indirect
présent	➤	imparfait
impératif	➤	de + infinitif
passé composé	➤	plus-que-parfait
futur simple	➤	conditionnel présent
futur antérieur	➤	conditionnel passé

L'imparfait, le plus-que-parfait, le conditionnel présent et le conditionnel passé ne changent pas.

- Il faut changer les adjectifs possessifs et les pronoms selon le sens.

Exemples :

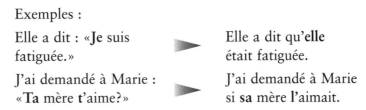

Elle a dit : «**Je** suis fatiguée.» ➤ Elle a dit qu'**elle** était fatiguée.

J'ai demandé à Marie : «**Ta** mère **t**'aime?» ➤ J'ai demandé à Marie si **sa** mère l'aimait.

- Les phrases interrogatives changent comme suit. (Voir aussi les exemples des pages 197 et 198.)

est-ce que	si
qu'est-ce que / que	ce que
qu'est-ce qui	ce qui

Les autres mots interrogatifs (*quand, pourquoi, où,* etc.) ne changent pas.

- Les expressions de temps changent comme suit.

discours direct	discours indirect
aujourd'hui	ce jour-là
demain	le lendemain
après-demain	le surlendemain
hier	la veille
avant-hier	l'avant-veille
ce matin	ce matin-là
ce soir	ce soir-là
la semaine prochaine	la semaine suivante
la semaine dernière	la semaine précédente
maintenant	à ce moment-là

IV – Éléments grammaticaux

Cette section contient les éléments grammaticaux qui constituent la phrase, sauf les verbes qui ont fait l'objet de la section précédente. Consulte cette section pour connaître et comprendre les différents éléments de la langue et les utiliser sans faute. Réfère-toi à cette section chaque fois que tu révises tes textes.

1 La phrase

La phrase se compose d'une ou de plusieurs propositions. Une proposition contient au moins un verbe conjugué et son sujet. (Elle peut aussi contenir un verbe sans sujet si ce verbe est à l'impératif.)

Il y a des phrases simples et des phrases complexes.

▶ **Phrase simple : phrase formée d'une seule proposition.**

> *Marc court.*
> *Je prends mon petit déjeuner à huit heures.*
> *Viens tout de suite!*

▶ **Phrase complexe : phrase formée de plus d'une proposition.**

> *Élisabeth part pour Vancouver et Philippe part pour Ottawa.*

    proposition indépendante   proposition indépendante

> *Marc court parce qu'il est en retard.*

  proposition   proposition subordonnée
   principale

Je prends mon petit déjeuner à huit heures quand je n'ai pas d'école.

proposition principale ┊ proposition subordonnée

▶ **Voici quelques termes grammaticaux se rapportant à la phrase.
Tu rencontreras ces termes dans les pages qui suivent de ton
guide.**

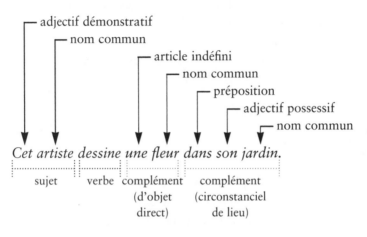

─ adjectif démonstratif
 ─ nom commun
      ─ article indéfini
       ─ nom commun
        ─ préposition
         ─ adjectif possessif
          ─ nom commun

Cet artiste dessine une fleur dans son jardin.

sujet ┊ verbe ┊ complément ┊ complément
              (d'objet   (circonstanciel
              direct)   de lieu)

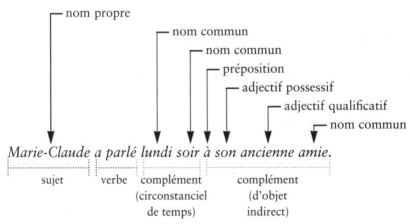

─ nom propre
      ─ nom commun
       ─ nom commun
        ─ préposition
         ─ adjectif possessif
          ─ adjectif qualificatif
           ─ nom commun

Marie-Claude a parlé lundi soir à son ancienne amie.

sujet ┊ verbe ┊ complément ┊ complément
              (circonstanciel   (d'objet
              de temps)   indirect)

Remarques : Un complément d'objet direct répond à la question *qui* ou
quoi.
Un complément d'objet indirect répond à la question *à qui, à quoi, de qui*
ou *de quoi*.
Un complément circonstanciel répond à la question *quand, comment* ou
pourquoi.

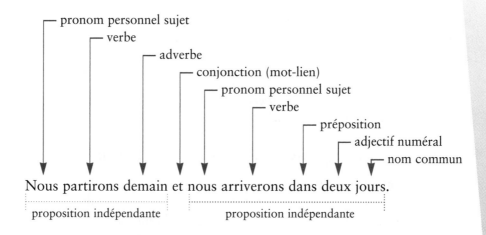

── pronom personnel sujet
  ── verbe
    ── adverbe
      ── conjonction (mot-lien)
        ── pronom personnel sujet
          ── verbe
            ── préposition
              ── adjectif numéral
                ── nom commun

Nous partirons demain et nous arriverons dans deux jours.

proposition indépendante   proposition indépendante

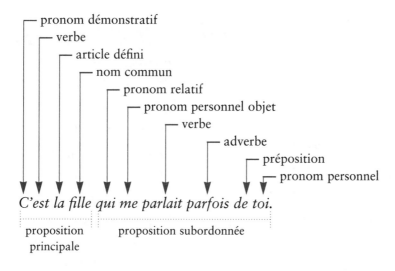

── pronom démonstratif
  ── verbe
    ── article défini
      ── nom commun
        ── pronom relatif
          ── pronom personnel objet
            ── verbe
              ── adverbe
                ── préposition
                  ── pronom personnel

C'est la fille qui me parlait parfois de toi.

proposition   proposition subordonnée
principale

2 Le nom

▶ **Un nom est, soit *commun*, soit *propre*.**

Un **nom commun** identifie un objet, un animal ou une espèce.

table	*humain*
éléphant	*pays*
joie	*nature*

Un **nom propre** identifie une personne, une catégorie de personnes, une ville, un pays, un fleuve, une montagne, une association, etc. Le nom propre prend toujours une majuscule.

Marc	*les Rocheuses*
Paris	*l'Alberta*
les Anglais	*Radio-Canada*

▶ **Un nom commun ou propre est, soit *masculin*, soit *féminin*.**

Il est parfois difficile de savoir le genre (masculin ou féminin) des noms. Voici quelques règles pour t'aider à déterminer le genre des noms communs. Ces règles ne sont cependant pas infaillibles. (Toute règle a ses exceptions, et parfois plusieurs exceptions!)

noms masculins	

• les noms en **-age**
  un voyage, un nuage
  exception : *une image*
	• les noms en **-ent**
	  un accident, le parlement

	• les noms en **-et** *un jouet, un ballet*

• les noms en **-al**
  un canal, un journal
	• les noms en **-euil, -ueil**
	  un fauteuil, un accueil

• les noms en **-ant**
  un habitant, un tournant
	• les noms en **-eur**
	  les professions d'hommes :
	  un acteur, un docteur

• les noms en **-ard** *un vieillard, un canard*	
• les noms en **-asme** *un sarcasme, l'enthousiasme*	Attention: beaucoup de noms en **-eur** sont féminins : *une couleur, une peur*

• les noms en **-é**
  un été, le passé
	• les noms en **-ier**
	  un pommier

Attention : beaucoup de noms en **-té** et en **-tié** sont féminins : *la pureté, une moitié*	• les noms en **-oir** *un couloir, un miroir*

• les noms en **-eau**
  un cadeau, un château
  (exception : *l'eau*)
	• les noms en **-isme**
	  le vandalisme, le nationalisme

noms féminins

- les noms en -*aine*
  une migraine, une fontaine
  exceptions : *un domaine, un capitaine*, etc.

- les noms en -*ance*
  une balance,
  une performance

- les noms en -*ante*
  une débutante, une tante

- les noms en -*ée*
  la fumée, une année
  exception : *un musée*

- les noms en -*ence*
  l'excellence, la différence

- les noms en -*euille*
  une feuille

- les noms en -*ie*
  la biologie, la pharmacie

- les noms en -*ière*
  une frontière, une rivière
  exception : *un cimetière*

- les noms en -*ise*
  une crise, une bêtise

- les noms en -*ion* et en -*tion*
  une décision, une fraction
  exception : *un avion, un camion*, etc.

- les noms en -*oire*
  une histoire, une patinoire
  exception : *un interrogatoire*

- les noms en -*son*
  une chanson, une maison
  exception : *un poisson*

- les noms en -*té*
  la pureté, la qualité
  exception : *un été, du pâté*, etc.

- les noms en -*tié*
  une moitié, l'amitié

- les noms en -*ture*
  une voiture, une aventure

- les noms en -*ude*
  la gratitude, une habitude
  exception : *un prélude*

- les noms en -*ue*
  une rue, une avenue

▶ **En règle générale, on forme le pluriel des noms en ajoutant un *s*.**

> *un étudiant   des étudiants*

Exceptions :

- les noms en -*al* forment leur pluriel en -*aux* (sauf *bals, carnavals, festivals, régals*)

  > *un journal   des journaux*

- les noms en -*au*, -*eau*, et -*eu* prennent un *x* au pluriel (sauf *pneus, bleus*)

  > *un tuyau   des tuyaux*
  > *un manteau   des manteaux*
  > *un cheveu   des cheveux*

- certains noms en -*ail* forment leur pluriel en -*aux*

  > *un travail   des travaux*
  > *un bail   des baux*

  (Les autres prennent un *s* : *des chandails, des détails*, etc.)

- certains noms en -*ou* prennent un *x* au pluriel : *bijoux, cailloux, choux, genoux, hiboux, joujoux, poux*

  (Les autres prennent un *s* : *des clous, des voyous*, etc.)

- certains noms ont un pluriel particulier, comme :

  > *un oeil   des yeux*
  > *le ciel   les cieux*
  > *aïeul   aïeuls* ou *aïeux*

3 Les déterminants

Un déterminant est un mot qui se trouve devant le nom. En français, un nom commun est presque toujours précédé d'un déterminant. Voici les principaux déterminants :

	Singulier		Pluriel	
	Masculin	Féminin		
articles définis	le l'*	la l'*	les	
articles indéfinis	un	une	des de (d')*	
articles partitifs	du de l'* de (d')*	de la de l'* de (d')*	des de (d')*	
adjectifs démonstratifs	ce cet*	cette	ces	
adjectifs possessifs	mon ton son notre votre leur	ma mon* ta ton* sa son* notre votre leur	mes tes ses nos vos leurs	
adjectifs interrogatifs / exclamatifs	quel	quelle	Masculin	Féminin
			quels	quelles
adjectifs indéfinis	certain tout n'importe quel chaque etc.	certaine toute n'importe quelle chaque etc.	certains tous n'importe quels plusieurs etc.	certaines toutes n'importe quelles plusieurs etc.
adjectifs ordinaux	premier deuxième etc.	première deuxième etc.	premiers deuxièmes etc.	premières deuxièmes etc.
adjectifs numéraux	zéro, un/e, deux, trois, quatre, etc.			

*Remarques :

- *l'* : devant un nom masculin ou féminin qui commence par une voyelle ou un *h* muet, on utilise *l'* : *l'avion, l'hôtel* (noms masculins); *l'auto, l'habitude* (noms féminins).

- *de l'* : devant un nom masculin ou féminin qui commence par une voyelle ou un *h* muet, on utilise *de l'* : *de l'air, de l'humour* (noms masculins); *de l'eau, de l'herbe* (noms féminins).

- *cet* : devant un nom masculin qui commence par une voyelle ou un *h* muet, on utilise *cet* : *cet avion, cet hôtel.*

- *mon, ton, son* : devant un nom féminin qui commence par une voyelle ou un *h* muet, on utilise *mon, ton, son* : *mon amie, ton auto, son habitude.*

- *de (d')* : après un verbe à la forme négative (sauf avec *être*), on utilise *de* à la place de *du, de la* ou *des* et on utilise *d'* à la place de *de l'* : *Je ne veux pas de pain. Il n'y a pas de crème. Je n'ai pas de vêtements chauds. Je ne gagne pas d'argent.*

 4 L'adjectif qualificatif et son accord

Un adjectif qualificatif est un mot qui accompagne un nom pour exprimer une qualité. L'adjectif s'accorde en genre (masculin ou féminin) et en nombre (singulier ou pluriel) avec le nom qu'il accompagne.

> *une personne **intelligente***
> *une **grande** maison*
> *des céréales **nourrissantes***

 Le masculin et le féminin des adjectifs qualificatifs

- Certains adjectifs ont la même forme au masculin et au féminin.

Exemples : *agile, aimable, hypocrite, modeste, perspicace*

- D'autres adjectifs ont une forme différente au masculin et au féminin. Regarde les différents groupes d'adjectifs ci-dessous et comment ces adjectifs changent au féminin. Les adjectifs qui ressemblent à ces adjectifs forment leur féminin de la même façon.

Exemples :

MASCULIN	FÉMININ
adroit	adroite
impatient	impatiente
humain	humaine
imprudent	imprudente
déterminé	déterminée
têtu	têtue
cher	chère
indiscret	indiscrète
aventureux	aventureuse
jaloux	jalouse
impulsif	impulsive
sportif	sportive
blanc	blanche
franc	franche

MASCULIN	FÉMININ
Cas spéciaux :	
charmeur	charmeuse
menteur	menteuse
observateur	observatrice
révélateur	révélatrice
faux	fausse
doux	douce
frais	fraîche
sec	sèche
favori	favorite
fou*	folle
mou*	molle
bon	bonne
canadien	canadienne
gentil	gentille
gros	grosse
public	publique
beau*	belle
nouveau*	nouvelle
vieux*	vieille

* Ces adjectifs font **fol, mol, nouvel, vieil** et **bel** devant une voyelle ou un *h* muet.

▶ Le pluriel des adjectifs qualificatifs

En règle générale, on ajoute un *s* pour mettre un adjectif au pluriel.

Exemples : *blancs, humaines, têtues, aventureuses, charmeurs*

Il y a cependant quelques cas spéciaux au masculin.

Exemples :

MASCULIN SINGULIER	MASCULIN PLURIEL
nerveux	nerveux
vieux	vieux
beau	beaux
nouveau	nouveaux
amical	amicaux
loyal	loyaux

➔ 5 La place de l'adjectif qualificatif

▶ La plupart des adjectifs qualificatifs se placent après le nom.

Exemples : *une auto **blanche***
*une femme **aventureuse***
*des photos **magnifiques***

▶ **Cependant, les adjectifs suivants se placent normalement devant le nom :**

> beau, joli
> jeune, nouveau, vieux
> bon, mauvais
> grand, gros, petit, long

Exemples : *un **beau** manteau*
*une **longue** journée*
*de **grosses** pommes*

▶ **On peut parfois placer un adjectif devant un nom pour produire un effet spécial.**

Exemples : *C'est une **excellente** idée!*
*Quelle **magnifique** maison!*

6 L'adjectif possessif

▶ **L'adjectif possessif marque une relation d'appartenance avec le nom.**

> *mon livre*
> *sa chaise*
> *notre école*

▶ **L'adjectif possessif s'accorde en genre (masculin ou féminin) et en nombre (singulier ou pluriel) avec le nom qu'il accompagne (et non avec la personne à qui la chose appartient).**

C'est la chaise de Paul. ▶ *C'est **sa** chaise.*
C'est la chaise de Marie. ▶ *C'est **sa** chaise.*

▶ **Les adjectifs possessifs sont les suivants :**

Singulier		Pluriel
Masculin	Féminin	
mon	ma mon*	mes
ton	ta ton*	tes
son	sa son*	ses
notre	notre	nos
votre	votre	vos
leur	leur	leurs

*Remarque :** Devant un nom féminin qui commence par une voyelle ou un *h* muet, on utilise *mon, ton, son* : *mon amie, ton auto, son habitude.*

7 L'adjectif démonstratif

▶ **L'adjectif démonstratif sert à montrer une personne ou une chose.**

> *ce* livre
> ***cette*** *chaise*
> ***cet*** *étudiant*
> *ces* filles

> ▶ **L'adjectif démonstratif s'accorde en genre (masculin ou féminin) et en nombre (singulier ou pluriel) avec le nom qu'il accompagne.**

▶ **Les adjectifs démonstratifs sont les suivants :**

Singulier		Pluriel
Masculin	Féminin	
ce cet*	cette	ces

Remarque : Devant un nom masculin qui commence par une voyelle ou un *h* muet, on utilise *cet* : *cet album, cet avion, cet hôtel.*

▶ **Quelquefois, on utilise *-ci* ou *-là* pour être plus précis quand on montre une personne ou une chose. (*Ci* s'utilise pour la proximité et *là* s'utilise pour l'éloignement.)**

Donne-moi ce livre-ci.
Ces jeunes-là ne vont pas à mon école.
Ce livre-ci est plus intéressant que ce livre-là.

8 L'adverbe

▶ **L'adverbe est un mot qu'on ajoute à un verbe, à un adjectif ou à un autre adverbe pour en modifier le sens. L'adverbe est invariable, c'est-à-dire qu'il ne change jamais de forme (il n'est jamais masculin, féminin ou pluriel).**

*Elle parle **rapidement**.*
*Nous sommes **très** fatigués.*
*Ils dansent **assez bien**.*

rapidement

▶ **Les adverbes se divisent en différentes catégories. Voici des exemples dans chacune de ces catégories :**

adverbes de manière	bien, comment, ensemble, mal, vite, brusquement, calmement, doucement, gentiment, lentement, rapidement
adverbes de lieu	dedans, dehors, ici, là, loin, partout
adverbes de temps	après, aujourd'hui, auparavant, avant, bientôt, demain, encore, ensuite, hier, jamais, longtemps, maintenant, parfois, puis, quand, soudain, souvent, tantôt, tard, tôt, toujours
adverbes de quantité	assez, aussi, beaucoup, combien, comment, environ, peu, plus, presque, tellement, très, trop
adverbes d'affirmation	absolument, assurément, certainement, oui, précisément, vraiment
adverbes de négation	aucunement, ne...jamais, ne...pas, non, nullement
adverbes de doute	apparemment, peut-être, probablement, vraisemblablement

▶ **La plupart des adverbes qui se terminent en *-ment* se forme à partir de l'adjectif féminin.**

adjectif masculin	adjectif féminin	adverbe
calme	calme	calmement
doux	douce	doucement
grand	grande	grandement
heureux	heureuse	heureusement
nul	nulle	nullement
vif	vive	vivement

Exceptions :

- Les adjectifs en -*ant* et en -*ent* donnent des adverbes en -*amment* et en -*emment*.

adjectif masculin	adverbe
puissant	puissamment
prudent	prudemment

(Exceptions à cette exception : lent ▶ lentement; présent ▶ présentement)

- On n'ajoute pas de *e* aux adjectifs qui se terminent en -*ai*, -*é*, -*i* ou -*u* pour former l'adverbe.

adjectif masculin	adverbe
vrai	vraiment
aisé	aisément
poli	poliment
absolu	absolument

Remarque : Tous les adjectifs ne peuvent pas se transformer en adverbe. Par exemple, on ne peut pas dire *Il a répondu contentement*. On doit dire *Il a répondu d'un air content*. De même, les adjectifs *fâché, concis, fatigué, intéressé* et certains autres n'ont pas d'adverbe équivalent. On doit dire : *d'un ton fâché, d'une manière / d'une façon concise, d'un air fatigué, d'un air intéressé*.

Attention!

Il y a des mots qui sont à la fois des adjectifs et des adverbes. Quand ils sont adjectifs, ils accompagnent un nom et ils s'accordent en genre et en nombre avec celui-ci. Quand ils sont adverbes, ils accompagnent un verbe et ils ne s'accordent pas.

Exemples : *bas, bon, cher, vite*

adjectif	adverbe
Cette chaise est **basse**.	Ces avions volent **bas**.
C'est une **bonne** odeur.	Ça sent **bon**.
Ces vêtements sont **chers**.	Ces vêtements coûtent **cher**.
Ces athlètes sont **vites**.	Ces athlètes courent **vite**.

▶ **Il existe aussi des locutions adverbiales.** Les locutions adverbiales sont en fait des adverbes qui contiennent plus d'un mot : *à droite, à gauche, à peu près, en avant, en arrière, en dedans, en dehors, en dessous, en dessus, en effet, pas du tout, tout à coup, tout de suite.*

9 La place de l'adverbe

▶ **L'adverbe se place en général *devant* l'adjectif ou un autre adverbe.**

> *Elle est **très** grande.*
> *Il chante **tellement** bien!*

> ▶ **L'adverbe se place *après* le verbe dans le cas d'un temps simple.**

> > *Elle parle **bien**.*
> > *Il arrivera **tard**.*
> > *Nous marchions **lentement**.*

▶ **L'adverbe se place souvent *entre* l'auxiliaire et le participe passé dans le cas des temps composés.**

> *Elle a **beaucoup** aimé son aventure.*
> *Il avait **très bien** réussi.*
> *Nous aurons **bientôt** fini.*
> *Vous auriez **beaucoup** aimé ce concert.*

Cependant, on met quelquefois l'adverbe **après** le participe passé, surtout quand il s'agit d'un adverbe de lieu.

> *Il a tourné **ici**.*

> ▶ **Souvent, on peut placer l'adverbe (surtout l'adverbe de lieu ou de temps) au début de la phrase.**

> > ***Ici**, tu seras bien.*
> > ***Ensuite**, nous nous sommes rendus chez lui.*

 **10** **Le comparatif**

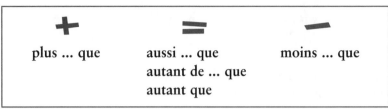

On utilise le comparatif pour exprimer la supériorité, l'égalité
ou l'infériorité de certaines qualités ou choses entre elles.

▶ **Pour faire une comparaison à l'aide d'un adjectif, on utilise :**

plus
aussi **+** un adjectif **+** *que*
moins

Les filles sont   *plus*
            aussi   sentimentales **que** les garçons.
            moins

▶ **Pour faire une comparaison à l'aide d'un adverbe, on utilise :**

plus
aussi **+** un adverbe **+** *que*
moins

Les garçons pleurent   *plus*
                aussi   facilement **que** les filles.
                moins

▶ **Pour faire une comparaison à l'aide d'un nom, on utilise :**

plus de
autant de **+** un nom **+** que
moins de

*Il y a **plus de / autant de / moins de** filles **que** de garçons qui pratiquent des sports régulièrement.*

▶ **Pour faire une comparaison à l'aide d'un verbe, on utilise :**

un verbe **+**
plus que
autant que **+** un nom ou
moins que
un pronom

Les filles parlent
plus
autant *(au téléphone)* **que** *les garçons.*
moins

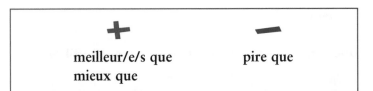

+
meilleur/e/s que
mieux que

—
pire que

- On ne peut pas dire *plus bon (bons / bonnes) que.*
  On doit dire **meilleur (meilleurs / meilleure / meilleures) que.**
  > *Je suis meilleure que toi en maths.*

- Pour l'adjectif *mauvais*, on peut dire *plus mauvais que* ou **pire que.**
  > *Il est plus mauvais que moi en maths.*
  > ou
  > *Il est pire que moi en maths.*

- On ne peut pas dire *plus bien que.* On doit dire **mieux que.**
  > *J'écris mieux que toi.*

11 Le superlatif

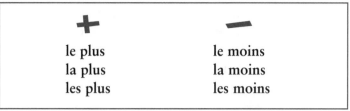

+	−
le plus	le moins
la plus	la moins
les plus	les moins

On utilise le superlatif pour exprimer le degré supérieur ou inférieur d'une qualité.

Exemples :

avec un adjectif C'est le film **le plus** fantastique de l'année.
C'est **la plus** grande fille de l'équipe.
Ce sont mes souliers **les plus** confortables.

C'est le manteau **le moins** cher.
Cette histoire est **la moins** intéressante de toutes.
Ce magasin a **les plus** bas prix de la ville.

avec un adverbe Partons **le plus** rapidement possible!
Allons **le moins** loin possible!

avec un verbe C'est le film / la ville / les mets que j'aime
le moins / le plus.

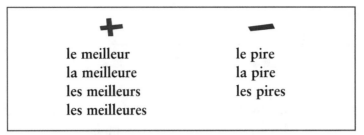

+	**−**
le meilleur	le pire
la meilleure	la pire
les meilleurs	les pires
les meilleures	

▶ **On n'utilise pas *le plus*, *la plus*, *les plus* avec l'adjectif *bon* (*bonne*, *bons*, *bonnes*). On utilise *le meilleur* (*la meilleure*, *les meilleurs*, *les meilleures*).**

C'est un bon magasin / une bonne boutique. ➤ C'est **le meilleur** magasin / **la meilleure** boutique de la région.

Ce restaurant sert de bons desserts / de bonnes pizzas. ➤ Ce restaurant sert **les meilleurs** desserts / **les meilleures** pizzas de la ville.

▶ **Avec l'adjectif *mauvais* (*mauvaise*, *mauvaises*), on peut utiliser *le plus* (*C'est le plus mauvais joueur de hockey de la ligue.*), mais on utilise le plus souvent *le pire* (*la pire*, *les pires*).**

C'est un mauvais magasin / une mauvaise boutique. ➤ C'est **le pire** magasin / **la pire** boutique de la région.

Ce restaurant sert de mauvais desserts / de mauvaises pizzas. ➤ Ce restaurant sert **les pires** desserts / **les pires** pizzas de la ville.

 12 Les pronoms

▶ **Un pronom est un mot qui remplace un ou des noms communs ou propres.**

La chaise est maintenant dans le coin. Elle n'était pas là il y a cinq minutes.

Tu as parlé à Pierre aujourd'hui? Non, mais je lui ai parlé hier.

▶ **Les pronoms sont bien utiles pour éviter les répétitions.**
Considère les exemples suivants :

> *Mon père me suggère de devenir architecte. Je ne suis pas sûr*
> *que ~~mon père~~ ait raison.*
> ➤ *qu'il*

> *Qui va manger le dernier biscuit? Moi, je vais*
> *manger ~~le dernier biscuit~~.*
> ➤ *je vais **le** manger.*

> *Il a rencontré une fille. Il est tout de suite tombé*
> *amoureux ~~de cette fille~~.*
> ➤ *d'elle.*

> *Il a rencontré une fille. Il parle tout le*
> *temps ~~à cette fille~~ maintenant.*
> ➤ *Il a rencontré une fille **à qui** il parle*
> *tout le temps maintenant.*

> *Elle a eu trois professeurs de musique. Elle a*
> *adoré ~~ses trois professeurs de musique~~.*
> ➤ *Elle a eu trois professeurs de musique*
> *qu'elle a tous adorés.*

▶ **Il y a différentes sortes de pronoms :**

- les pronoms personnels : *je, toi, lui,* etc.

- les pronoms démonstratifs : *cela, celui-ci,*
ceux-là, etc.

- les pronoms possessifs : *le mien, la sienne,*
les leurs, etc.

Consulte la page 222.

Consulte la page 227.

Consulte la page 228.

- les pronoms relatifs : *qui, que, dont,* etc.

Consulte la page 229.

- les pronoms interrogatifs : *qui, que, quoi, lequel, auquel, duquel*

Consulte **Les questions** (page 231).

- les pronoms indéfinis : *aucun/e/s, autre/s, chacun/e, le même / la même / les mêmes, n'importe qui / quoi, personne, plusieurs, quelqu'un, quelque chose, quiconque, rien, tel / telle / tels / telles, tout / tous / toute*

 13 Les pronoms personnels

▶ **Les pronoms personnels sont les suivants :**

je	tu	il elle on
me (m')	te (t')	le (l') la (l') se (s')
moi	toi	lui lui / elle soi
nous	vous	ils elles
		les les
		leur leur
		eux elles

Remarque : Les pronoms *y* et *en* sont aussi des pronoms personnels, mais ils sont souvent aussi appelés des adverbes pronominaux. Consulte leur emploi aux pages 224 et 225.

▶ **Voici des exemples d'utilisation des pronoms personnels :**

Comme sujet : je, tu, il, elle, nous, vous, ils, elles, moi, toi, lui, elle, nous, vous, eux, elles

> *Je parle beaucoup trop.*
> *On part bientôt.*
> *Toi et moi irons la voir.*

Comme attribut (après le verbe être*)* : moi, toi, lui, elle, nous, vous, eux, elles

> *C'est bien lui.*
> *C'est toi, mon ami.*
> *Si j'étais elle, je partirais tout de suite.*

Après une préposition : moi, toi, lui, elle, nous, vous, eux, elles

> *C'est à toi.*
> *Il y a un message pour nous.*
> *Viens chez moi.*

Pour insister : moi, toi, lui, elle, nous, vous, eux, elles

> *Moi, sortir avec ce garçon? Jamais!*
> *Tu veux venir, toi?*
> *Lui, il n'a aucun respect pour l'autorité.*

Comme objet (ou complément) : me, te, se, le, la, lui, se, nous, vous, leur, moi, toi, lui, nous, vous, leur, y, en

> *Je te vois bien.*
> *Je l'aime beaucoup.*
> *On se verra demain.*
> *Pierre lui a téléphoné.*
> *Lève-toi!*
> *Donne-nous plus de temps.*

Consulte **Les pronoms objets** (page 224) et **La place et l'ordre des pronoms objets** (page 225).

14 Les pronoms objets

▶ **Exemples d'emploi des pronoms le (l'), la (l'), les**

Aimes-tu Paul / ma montre ?   Oui, je l' aime.

Parles-tu le français ?   Oui, je le parle.

Tu aimes cette chanson ?   Non, je la déteste.

As-tu vu Marie et Brenda ?   Oui, je les ai vues tout à l'heure.

Attention!

Si le pronom *la (l')* ou *les* se trouve devant un verbe au passé composé, le participe passé s'accorde en genre et en nombre avec le pronom, comme dans le dernier exemple.

▶ **Exemples d'emploi des pronoms lui, leur, y, en**

à + une personne ou un animal (ou une chose personnifiée) = **lui** ou **leur**
à + une chose ou un lieu = **y**
de + une chose ou un lieu = **en**

Parles-tu souvent à Stéphanie / à Paul ?   Oui, je lui parle assez souvent.

As-tu téléphoné à tes parents ?   Oui, je leur ai téléphoné.

Vas-tu souvent au cinéma ?   Oui, j' y vais souvent.

Tu penses **à tes vacances** ?   Oui, j' **y** pense souvent.

As-tu **de la peine** ?   Oui, j' **en** ai beaucoup.

Est-ce que tu reviens **de Vancouver** ?   Oui, j' **en** reviens tout juste.

 15 La place et l'ordre des pronoms objets

▶ **La place des pronoms**

avec un verbe (sauf avec l'impératif affirmatif) : devant le verbe	Je **lui** parlerai demain. J'**y** allais souvent quand j'étais jeune. Ne **lui** parle plus jamais!
avec l'impératif affirmatif : après le verbe	Parle-**lui** demain!
avec deux verbes : entre les deux verbes (la plupart du temps)	Nous allons **y** être à neuf heures. Ils pourraient **lui** donner des conseils. Il semble l'aimer. exception : Nous **la** ferons chanter.
avec le passé composé : devant l'auxiliaire *être* ou *avoir*	Je l'ai vu/e. Tu **y** as déjà travaillé?

▶ L'ordre des pronoms

$$\textit{Elle} \text{ (ne)} \begin{cases} \text{me (m')} \\ \text{te (t')} \\ \text{se(s')} \\ \text{nous} \\ \text{vous} \end{cases} \begin{cases} \text{le} \\ \text{la} \\ \text{les} \\ \text{en} \end{cases} \textit{donne} \text{ (pas)}.$$

$$\textit{Elle} \text{ (ne)} \begin{cases} \text{le} \\ \text{la} \\ \text{les} \end{cases} \begin{cases} \text{lui} \\ \text{leur} \end{cases} \textit{donne} \text{ (pas)}.$$

$$\textit{Elle} \text{ (ne)} \begin{cases} \text{lui} \\ \text{leur} \end{cases} \begin{cases} \text{en} \end{cases} \textit{donne} \text{ (pas)}.$$

$$\textit{Elle} \text{ (n')} \begin{cases} \text{y} \end{cases} \begin{cases} \text{en} \end{cases} \textit{donne} \text{ (pas)}.$$

À l'impératif

$$\textit{Donne-} \begin{cases} \text{le-} \\ \text{la-} \\ \text{les-} \end{cases} \begin{cases} \text{moi.} \\ \text{lui.} \\ \text{nous.} \\ \text{leur.} \end{cases}$$

$$\textit{Donne} \begin{cases} \text{m'} \\ \text{nous} \\ \text{lui} \\ \text{leur} \end{cases} \begin{cases} \text{en.} \end{cases}$$

$$\text{Ne} \begin{cases} \text{me} \\ \text{nous} \end{cases} \begin{cases} \text{le} \\ \text{la} \\ \text{les} \end{cases} \textit{donne} \text{ pas}.$$

$$\text{Ne} \begin{cases} \text{le} \\ \text{la} \\ \text{les} \end{cases} \begin{cases} \text{lui} \\ \text{leur} \end{cases} \textit{donne} \text{ pas.}$$

$$\text{Ne} \begin{cases} \text{m'} \\ \text{nous} \\ \text{lui} \\ \text{leur} \end{cases} \begin{cases} \text{en} \end{cases} \text{donne pas.}$$

16 Les pronoms démonstratifs

▶ **Les pronoms démonstratifs désignent les personnes ou les choses, ou représentent un nom, une idée, comme avec un geste d'indication.**

> *Prends **ceci**!*
> ***Cela** (**Ça**) me fait très plaisir.*
> *Donnez-moi **cela** (**ça**).*
> *Quel livre veux-tu? **Celui** que tu as dans ta main gauche.*
> *Quel livre veux-tu? **Celui-ci**.*
> *Quelle auto va le plus vite? **Celle-là**.*

Remarque : *ce* est considéré comme un pronom démonstratif neutre car il ne désigne rien de particulier. (Exemple : *Ce sera pour une autre fois.*)

▶ **Les pronoms démonstratifs sont très utiles pour éviter les répétitions.**

celui
Je ne veux pas le livre sur les oiseaux. Je veux ~~le livre~~ sur les poissons.

celui-ci
Quel disque voulez-vous? Je veux ~~ce disque~~.

celle-ci   *celle-là*
Quelles pommes veux-tu? Je veux ~~cette pomme~~ et ~~cette pomme~~.

► **Les pronoms démonstratifs sont :**

démonstratifs qui désignent une personne ou une chose sans geste d'indication	démonstratifs qui désignent une chose ou une personne spécifique qui est proche avec un geste d'indication	démonstratifs qui désignent une chose ou une personne qui est éloignée avec un geste d'indication
ce ceci cela, ça celui celle ceux celles	celui-ci celle-ci ceux-ci celles-ci	celui-là celle-là ceux-là celles-là

17 Les pronoms possessifs

► Les pronoms possessifs représentent le nom en y ajoutant une idée de possession. Les pronoms possessifs sont très pratiques dans les conversations pour éviter de répéter des mots ou des parties de phrases. Lis les exemples suivants :

le tien
Mon livre est intéressant, et ~~ton livre~~?

les tiens
Mes parents vont bien, et ~~tes parents~~?

la nôtre
Votre place est ici et ~~notre place~~ est là.

la mienne
Tu prends la voiture de ton père ou ~~ma voiture~~?

▶ Les pronoms possessifs sont :

le mien	la mienne	les miens	les miennes
le tien	la tienne	les tiens	les tiennes
le sien	la sienne	les siens	les siennes

le nôtre	la nôtre	les nôtres	les nôtres
le vôtre	la vôtre	les vôtres	les vôtres
le leur	la leur	les leurs	les leurs

Remarque : Quand on ajoute *à* ou *de* aux pronoms possessifs, on obtient les formes suivantes :

au mien	à la mienne	aux miens	aux miennes
du mien	de la mienne	des miens	des miennes

au nôtre	à la nôtre	aux nôtres	aux nôtres
de la nôtre	de la nôtre	des nôtres	des nôtres

aux miennes

Tes chaussures ressemblent ~~à mes chaussures~~.

18 Les pronoms relatifs

Le pronom relatif représente un nom (l'antécédent) et introduit une proposition relative :

▶ Les pronoms relatifs qui, que (qu'), dont

J'ai vu	un film	*qui* était très intéressant.
	antécédent	
proposition principale		proposition relative

le pronom relatif *qui* représente
le nom *un film*

On note ici que l'on utilise *qui* car le sujet (*un film*) du verbe de la proposition relative ne se trouve pas dans la proposition relative, mais dans la proposition principale.

Céline Dion est le nom de	la chanteuse	*que* vous entendez.
	antécédent	
proposition principale		proposition relative

le pronom relatif
que représente
le nom *la chanteuse*

On note ici que l'on utilise *que* car le verbe et son sujet (*vous*)
se trouvent dans la proposition relative.

Je n'ai pas trouvé	les livres	*dont* tu m'as parlé.
	antécédent	
proposition principale		proposition relative

le pronom relatif *dont*
représente le nom *les livres*. Ici
on n'utilise pas *que* parce que
le verbe *parler* se construit
avec la préposition *de*.
(Tu m'as parlé *de* ces livres.)

Remarque : *Qui, que* et *dont* sont précédés de *ce* quand il n'y a pas
d'antécédent dans la proposition principale.

Donne-moi **ce qui** est là.   Dis-moi **ce que** tu vois.
Nous ne savons pas **ce dont** ils ont parlé. (On peut aussi dire :
Nous ne savons pas de quoi ils ont parlé.)

▶ **Les autres pronoms relatifs**

Il y a un grand nombre de pronoms relatifs. Ils représentent tous
un antécédent (c'est-à-dire un nom mentionné précédemment).

quoi
où
lequel (laquelle, lesquels, lesquelles)
auquel (à laquelle, auxquels, auxquelles)
duquel (de laquelle, desquels, desquelles)

Ces pronoms peuvent être précédés (selon le sens) de prépositions comme *à, avec, chez, contre, de, dans, par, pour, sans, sous, sur, vers.*

Exemples :

> *C'est la rue **par où** je suis passé.*
> *Obtenir mon diplôme est la chose **à laquelle** je pense le plus.*
> *Voici **à quoi** sert cet objet.*

19 Les questions

On peut poser des questions, soit en utilisant «est-ce que», soit en utilisant l'inversion du sujet et du verbe.

▶ Questions avec «est-ce que»

> *Est-ce que vous mangez bientôt?*
> *Quand est-ce que tu es arrivé?*

▶ Questions par inversion du sujet

- Quand le sujet de la phrase est un pronom, on place le pronom après le verbe (ou après l'auxiliaire pour un temps composé).

> *Mangez-**vous** bientôt?*
> *Quand es-**tu** arrivé?*
> *Pourquoi se sont-**ils** arrêtés?*

À la troisième personne du singulier, on insère «t» entre le verbe et le pronom si le verbe se termine par *e* ou *a* .

> *Nage-**t**-il bien?*
> *Va-**t**-elle au cinéma avec vous?*

En règle générale, cependant, on ne fait pas l'inversion avec *je* sauf dans certains cas : *suis-je, ai-je, sais-je, dois-je, puis-je* (on remarque que *peux* devient *puis*). L'inversion du *je* dans l'interrogation directe est de style littéraire. Dans la langue courante, on emploie plutôt *est-ce que.*

- Quand le sujet de la phrase est un nom, on place le pronom
  il, elle, ils ou *elles* après le verbe (ou après l'auxiliaire pour
  un temps composé).

  > *Pierre et Nadia arrivent-**ils** bientôt?*
  > *Quand Lucien est-**il** arrivé?*
  > *Pourquoi les automobilistes se sont-**ils** arrêtés?*

  Remarque : On peut aussi poser une question en ajoutant un point
  d'interrogation à une phrase affirmative ou négative.

  > *J'ai réussi?*
  > *Tu ne viens pas?*

▶ **Différents types de questions**

QUESTIONS AUXQUELLES ON RÉPOND PAR *OUI* **OU PAR** *NON*	
Est-ce que vous allez mieux? / Allez-vous mieux? / Vous allez mieux?	**Oui,** je vais mieux. **Non,** je ne vais pas encore mieux.
QUE / QU'EST-CE QUE / QU'EST-CE QUI	
Que fais-tu? / **Qu'est-ce que** tu fais? **Qu'est-ce qui** a quatre pieds et sert à s'asseoir?	Je lis. Une chaise.
QUI / QUI EST-CE QUE aussi **à qui** (est-ce que), **de qui** (est-ce que), **avec qui** (est-ce que) **Qui** as-tu vu? / **Qui est-ce que** tu as vu?	J'ai vu **Antonio et Leena.**
QUI / QUI EST-CE QUI **Qui** est là? / **Qui est-ce qui** est là?	C'est **moi.**
OÙ / OÙ EST-CE QUE **Où** vas-tu? / **Où est-ce que** tu vas?	Je vais **au magasin.**

COMBIEN / COMBIEN EST-CE QUE **Combien** gagnes-tu de l'heure? / **Combien est-ce que** tu gagnes de l'heure?	Je gagne 10 $ de l'heure.
POURQUOI / POURQUOI EST-CE QUE **Pourquoi** es-tu si contente? / **Pourquoi est-ce que** tu es si contente?	Parce que je viens de recevoir une bonne nouvelle.
COMMENT / COMMENT EST-CE QUE **Comment** allez-vous? / **Comment est-ce que** vous allez?	Je vais **bien**.
QUAND / QUAND EST-CE QUE **Quand** viendra-t-il? / **Quand est-ce qu'**il viendra?	Il viendra **demain**.
DEPUIS QUAND / DEPUIS QUAND EST-CE QUE **Depuis quand** es-tu arrivé? / **Depuis quand est-ce que** tu es arrivé?	Je suis arrivé **depuis lundi** / **depuis deux jours**.
DEPUIS COMBIEN DE TEMPS / DEPUIS COMBIEN DE TEMPS EST-CE QUE **Depuis combien de temps** es-tu ici? / **Depuis combien de temps est-ce que** tu es ici?	Je suis ici **depuis 20 minutes**.

À QUOI, DE QUOI, EN QUOI / À QUOI, DE QUOI, EN QUOI EST-CE QUE	
À quoi penses-tu? / **À quoi est-ce que** tu penses?	**À rien.**
De quoi parliez-vous? / **De quoi est-ce que** vous parliez?	Nous parlions **de musique.**
En quoi est fait ton chandail? / **En quoi est-ce que** ton chandail est fait?	Il est fait **en laine.**
QUEL / QUELLE / QUELS / QUELLES aussi **à / avec / dans / de / parmi / pour / selon / sur quel** (quelle, quels, quelles)	
Quel est ton nom?	C'est **Dimitri.**
Quelle est ta note?	75 %
Quels livres sont à toi?	**Ceux** qui sont sur la table.
Quelles bottes est-ce que tu vas porter?	Je vais porter **mes** bottes en cuir noir.
LEQUEL / LAQUELLE / LESQUELS / LESQUELLES aussi **avec / dans / parmi / pour / selon / sur quel** (laquelle, lesquels, lesquelles)	
Lequel de ces livres est le meilleur?	**Celui-ci.**
Une de ces deux femmes est coupable? **Laquelle?**	C'est **Marie.**
De tous les fruits, **lesquels** préfères-tu?	Je préfère **les mangues et les pêches.**
Il y a plusieurs bonnes émissions à la télé ce soir. **Lesquelles** est-ce que tu veux regarder?	**N'importe lesquelles.**

20 Les prépositions

▶ La préposition (un seul mot — par exemple *vers*) et la locution prépositive (deux mots ou plus — par exemple *à cause de*) relie un élément de la phrase à un autre et marque la nature du rapport (cause, conséquence, but, condition, comparaison, lieu, temps, etc.) qui les unit.

> *Il part **pour** Montréal **avec** ses amis.*
> *Nous y allons **sans** eux.*
> *Elles sont ici **depuis** hier.*
> *Le livre **de** Twon est ici.*

▶ **Principales prépositions :**

à	depuis	hors	près
après	derrière	jusque	sans
avant	dès	malgré	sauf
avec	devant	outre	selon
chez	durant	par	sous
contre	en	parmi	sur
dans	entre	pendant	vers
de	envers	pour	voici (voilà)

▶ **Principales locutions prépositives**

à cause de	au lieu de	du côté de	jusqu'à
à condition de	au milieu de	en bas de	loin de
à côté de	auprès de	en dedans de	par-dessous
afin de	autour de	en dehors de	par-dessus
à force de	aux environs de	en dépit de	par rapport à
à l'exception de	avant de	en face de	près de
à moins de	dans le but de	en faveur de	proche de
à travers	d'après	étant donné	quant à
au-dessous de	de façon à	face à	vis-à-vis de
au-dessus de	de manière à	grâce à	
au-devant de	de peur de	hors de	

21 Les mots-liens ou marqueurs de relation

> Afin de rendre un texte précis et cohérent, il faut s'assurer que les rapports entre les idées ou les faits soient clairs. Pour montrer ces liens, la langue française utilisent des *mots-liens* ou *marqueurs de relation*. Quand on utilise ces mots-liens, les idées s'enchaînent bien et le lecteur ou la lectrice comprend mieux les liens logiques qui structurent le texte.

Voici deux phrases simples sans liens :

> *J'aime les mets italiens. Je n'aime pas la pizza.*

Voici deux façons de rendre ces phrases plus claires en établissant la relation d'opposition ou de restriction qui existe entre ces deux idées :

> *J'aime les mets italiens, **mais** je n'aime pas la pizza.*
>
> ou
>
> *J'aime les mets italiens. **Cependant / Toutefois**, je n'aime pas la pizza.*

Voici des mots-liens ou marqueurs de relation bien utiles. Il sont classés selon le rapport de sens à établir. (Tu peux trouver le sens des mots-liens que tu ne connais pas dans le lexique à la fin de ton guide.)

On annonce une liaison, une addition :	On annonce une transition :
de plus enfin ensuite et ni puis et puis , (la virgule)	après tout bref d'ailleurs en somme or

On annonce une explication ou un exemple :	On annonce une alternative :
ainsi c'est-à-dire effectivement en effet par exemple	d'une part...d'autre part ou...ou ou bien...ou bien ou au contraire ou alors soit...soit

On annonce un but :

afin de afin que* de crainte de de crainte que* de façon à de façon que*	de manière à de manière que* de peur de de peur que* pour pour que*

*On utilise le subjonctif après ce mot-lien.

On annonce une preuve ou une cause :	On annonce une conséquence :
attendu que car comme effectivement en effet en raison de étant donné que grâce à parce que par suite de puisque sous prétexte que vu que : (le deux-points)	ainsi alors à tel point que c'est pourquoi de sorte que** de telle façon que** donc par conséquent si bien que voilà pourquoi : (le deux-points) **On utilise l'indicatif après ce mot-lien pour marquer une conséquence réelle et le subjonctif pour marquer une conséquence éventuelle.

On annonce une opposition, une restriction, une concession :	On annonce une circonstance de temps :
à condition que*	alors que
alors que	à mesure que
bien que*	après que
cependant	au moment où
par contre	aussitôt que
en revanche	avant que*
excepté si	comme
mais	depuis que
malgré tout	dès que
malgré que*	lorsque
même si	pendant que
néanmoins	quand
pourtant	tandis que
pourvu que*	
quand bien même	*On utilise le subjonctif après ce mot-lien.
quoique*	
sauf que	
sans que*	
tandis que	
toutefois	
*On utilise le subjonctif après ce mot-lien.	

Remarque : Un grand nombre des mots-liens ci-dessus sont des conjonctions ou locutions conjonctives. Comme son nom l'indique, la conjonction (*con-* = avec; avec jonction) est un mot qui sert à joindre ou à lier.

Index

Lexique

A

à to, at, in
à cause de because of
à condition de/que providing that, on condition that
à côté de beside
à force de by dint of
à l'envers overturned, in a mess
à l'exception de with the exception of
à mesure que as
à moins de unless
à partir de from
à peu près nearly
à propos incidentally, by the way
à tel point que so much that, to the extent of
à travers across, through
aboyer to bark
abricot (m) apricot
absolument absolutely
accord (m) agreement
accorder to grant
accrocher to hook; to catch
accroître (s') to increase
accueil (m) welcome
accueillir to welcome
acheter to buy
achever to finish
acier (m) steel
adresse (f) skill, cleverness; address
adroit/e clever, skillful
aéroglisseur (m) hovercraft
affiche (f) poster
afin de to, in order to, so as to
afin que so that, in order that
agacer to irritate
agent/e de bord (m/f) steward/stewardess
agent/e de voyage (m/f) travel agent
agneau (m) lamb
agriculteur (m)/**agricultrice** (f) farmer
aide-mémoire (m) reminder
aider (s') to help each other
ail (m) garlic
ailleurs elsewhere
aimable kind, nice

aimer (s') to love each other
ainsi thus
air (m) manner
aisé/e easy
aisément easily
ajouter to add
aller to go
alors que while, when, whereas, just when
alors then, in that case, so, at that time
alpinisme (m) mountain climbing
améliorer to improve
amener to bring
amical/e friendly
amicalement kind regards, best wishes; yours
amitié (f) friendship
    amitiés (fpl) affectionate regards
amorce (f) beginning; bait
amorphe passive
amoureux/amoureuse in love
amplificateur (m) amplifier
amuser (s') to have fun
ananas (m) pineapple
année (f) year
annulaire (m) ring/third finger
annuler to cancel
appartenir to belong
appel (m) introduction; call
appeler to call
appréhender to be apprehensive about
apprendre to learn
approfondir to deepen
appuyer (s') to support
appuyer to press
après after
après tout after all
après-demain day after tomorrow
après-midi (m) afternoon
arachide (f) peanut
araignée (f) spider
archéologue (m/f) archeologist
argent (m) silver; money
    argent (m) **liquide** cash
armoire (f) wardrobe
arpenteur (m)/**arpenteuse** (f) surveyor

arrêt (m) **d'autobus** bus stop
arrière-grand-mère (f) great-grandmother
arrière-grand-père (m) great-grandfather
arrière-grands-parents (mpl) great-grandparents
arrière-petit-enfant (m) great-grandchild
arrière-petit-fils (m) great-grandson
arrière-petite-fille (f) great-granddaughter
arriver to happen; to arrive
art (m) art
    art (m) **oratoire** oratorical art, public speaking
    arts (mpl) **plastiques** fine arts
    arts (mpl) **industriels** industrial arts
artère (f) artery
article (m) **électro-ménager** electric appliance
aspirateur (m) vacuum cleaner
    passer l'aspirateur to vacuum
aspiré/e aspirated, pronounced
asseoir (s') to sit
assez enough
assister to attend; to help
assurément assuredly
atelier (m) studio, workshop
attendre to wait for
attendu que seeing that, since
attirer to attract
attraper to attract; to catch
au lieu de instead of
au milieu de at the centre of
au moment où when
au-dessous de under
au-dessus de above
au-devant de ahead of
aucunement in no way
auditeur (m)/**auditrice** (f) listener
auditoire (m) audience
aujourd'hui today
auparavant before, previously
auprès de next to, close to, by
auriculaire (m) little finger
aussi also
aussitôt que as soon as

auto (f) car
autoroute (f) highway
autour de around
aux environs de in the area of
avaler to swallow
avant before
avant-bras (m) forearm
avant-hier day before yesterday
avant-veille (f) two days before
avec with
avenir (m) future
aveugle blind
avion (m) plane
aviron (m) rowing
avis (m) opinion
avocat (m) avocado
avocat/e (m/f) lawyer
avoine (f) oats
avoir to have
    avoir du corps to be full-
      bodied
    avoir envie de to feel like
    avoir l'espoir de to be
      hopeful that
    avoir lieu to take place
    avoir mal to hurt, to ache
    avoir mal à la tête to have a
      headache
    avoir peur to be afraid
    avoir raison to be right
    avoir tort to be wrong

B

babillard (m) billboard
    babillard (m) électronique
      electronic billboard
bague (f) ring
baie (f) bay
bail (m) lease
balai (m) broom
balayer to sweep
balayeuse (f) vacuum cleaner
balle (f) molle softball
bande (f) dessinée comic strip
banlieue (f) suburb
banquier (m)/banquière (f)
    banker
barbe (f) beard
bas (m)sock
    bas (mpl) de nylon pantyhose
basculer to tip over, to fall
base (f) de données database
bateau (m) boat

batterie (f) drum set
battre to hit, to beat
battre (se) to fight with each
    other
beau/belle handsome, pretty,
    nice, beautiful
beau-fils (m) stepson; son-in-law
beau-frère (m) brother-in-law
beau-père (m) stepfather; father-
    in-law
beaucoup much, many
beigne (m) doughnut
beignet (m) doughnut
bêler to bleat
belle-fille (f) stepdaughter;
    daughter-in-law
belle-mère (f) stepmother;
    mother-in-law
belle-soeur (f) sister-in-law
bergerie (f) sheepfold
bêtise (f) foolishness
betterave (f) beetroot
beurre (m) butter
bibliothécaire (m/f) librarian
bibliothèque (f) library
bicyclette (f) bicycle
bien good, well
bien que although, though
bientôt soon
bienvenue (f) welcome
bière (f) beer
bijou (m) jewel
bijouterie (f) jewellery store
billion (m) trillion
biscuit (m) cookie
bise (f) kiss
bisou (m) little kiss
blague (f) joke
blé (m) wheat
blémir to turn pale
blesser (se) to hurt each other
bleuet (m) blueberry
blouson (m) jacket
boeuf (m) beef
boire to drink
bois (m) wood
boisson (f) drink
    boisson (f) gazeuse soft drink
bon/bonne good
bonheur (m) happiness
botte (f) boot
bottillon (m) ankle boot
bouc (m) billygoat

bouche (f) mouth
bouche (f) de métro subway
    entrance
boucher (m)/bouchère (f) butcher
boucherie (f) butcher shop
boucle (f) d'oreille earring
bouclé/e curly
bouger to move
boulangerie (f) bakery
bouleau (m) birch tree
bourdonner to buzz
bouteille (f) bottle
brancher (se) to get connected
bras (m) arm
brebis (f) ewe
bref in short
bretelles (fpl) suspenders
bricolage (m) arts and crafts,
    do-it-yourself hobby
brioche (f) bun
broche (f) brooch
brosse (f) brush
    en brosse crew cut
brouillard (m) fog
brouillon (m) sketch; rough draft
brue (f) daughter-in-law
bruit (m) noise
    bruit (m) de fond background
      noise
brûlant/e burning; impassioned
brûlure (f) burn
brun/e brown
brusquement briskly
buanderie (f) laundry room
bureau (m) office; desk
but (m) goal

C

c'est-à-dire that is to say
cabine (f) booth
cacher to hide
cadeau (m) gift
caillou (m) stone
caisse (f) drum
calèche (f) carriage
caleçon (m) pair of underpants
camion (m) truck
camionnette (f) pick-up truck
camionneur (m)/camionneuse (f)
    truck driver
camisole (f) undershirt
canal (m) channel
canapé (m) sofa

canard (m) duck
caoutchouc (m) rubber
car because, for
carillon (m) bell, chimes
carotte (f) carrot
carré/e square
carreau (m) check, square
case (f) hut
casquette (f) cap
casser to break
castagnettes (fpl) castanets
cécité (f) blindness
cèdre (m) cedar tree
ceinture (f) belt
centre (m) centre
    centre (m) aquatique aquatics
      centre
    centre (m) commercial
      shopping centre
    centre (m) plein air park,
      outdoor recreation centre
    centre (m) récréatif recreation
      centre
cependant nevertheless, however
cerise (f) cherry
cerisier (m) cherry tree
certainement certainly
cerveau (m) brain
chagrin (m) disappointment,
    sorrow
chaîne (f) de montagnes
    mountain chain
chaîne (f) stéréo stereo
    equipment
chaise (f) roulante wheelchair
chambre (f) room
    chambre (f) à coucher
      bedroom
champ (m) field
champignon (m) mushroom
chandail (m) sweater
chanter to sing
chapeau (m) hat
chaque each
charcuterie (f) deli
charpentier (m)/charpentière (f)
    carpenter
chat (m)/chatte (f) cat
châtain chestnut brown
chaud/e hot
chauffeur (m)/chauffeuse (f)
    driver
chaussette (f) sock

chaussure (f) shoe
chauve bald
chemin (m) road
chemise (f) shirt
    chemise (f) de nuit nightgown
chemisier (m) blouse
chêne (m) oak tree
cher/chère expensive; dear
chercheur (m)/chercheuse (f)
    researcher
cheval (m) horse
chevaleresque knightly
cheveu (m) hair
cheville (f) ankle
chèvre (f) goat
chez at the home of
chicaner (se) to fight, to quibble
    about
chien (m)/chienne (f) dog
chiffre (m) number
chimie (f) chemistry
chirurgien (m)/chirurgienne (f)
    surgeon
chou (m) cabbage
chou-fleur (m) cauliflower
chute (f) waterfall
ciel (m) sky
cil (m) eyelash
cinquantaine (f) 50-something
cirer to polish
citation (f) quotation
citer to quote
citron (m) lemon
citrouille (f) pumpkin
clairon (m) bugle
clavecin (m) harpsichord
clavier (m) keyboard
cloche (f) bell
clôture (f) closure; fence
clou (m) nail
cochon (m) pig
cochon d'Inde (m) guinea pig
coéquipier (m)/coéquipière (f)
    team member
coeur (m) heart
coiffeur (m)/coiffeuse (f)
    hairdresser
colère (f) anger
colérique quick-tempered
collant (m) tights, leotard
coller to paste
collier (m) necklace
colline (f) hill

combien how many, how much
comme as, like, such as
comment how
commis (m/f) assistant, clerk
commis-vendeur (m)/commis-
    vendeuse (f) sales clerk
commode (f) dresser
communautaire community-
    related
    salle (f) communautaire
      community hall
compatissant/e compassionate
complet (m) suit
compléter (se) to complement
    each other
comportement (m) behaviour
compote (f) stewed fruit
    compote (f) de pommes
      applesauce
comprendre to understand
comptable (m/f) accountant
compter to count
concierge (m/f) custodian
conciliant/e conciliatory
conduire to drive
confier (se) to confide
confiture (f) jam
congélateur (f) freezer
congénère (m) cognate
connaissance (f) knowledge;
    acquaintance
    faire connaissance to meet
connaître (se) to know one
    another
    s'y connaître to know a lot
      about
conquérir to conquer
conquête (f) conquest
conseil (m) piece of advice
conseiller to advise
conseiller (m)/conseillère (f)
    counsellor; adviser
consonne (f) consonant
conte (m) tale, story
content/e happy
contre against
contrebasse (f) string bass
contremaître (m)/
    contremaîtresse (f)
    foreman/forewoman
contrôleur (m)/contrôleuse de la
    circulation aérienne air-
    traffic controller

convaincre to convince
convenir to be suitable, to suit
coq (m) rooster
coquelicot (m) poppy
coqueluche (f) whooping cough
cor (m) anglais English horn
cor (m) d'harmonie French horn
corail (m) coral
corbeille (f) à papiers wastepaper
    basket
cornichon (m) pickle
corps (m) body
    avoir du corps to be full-
        bodied
corrompu/e corrupt
costaud sturdy
costume (m) suit
côte (f) cutlet, rib; hill
côtelette (f) cutlet, chop
cou (m) neck
coude (m) elbow
couler to flow, to run
couloir (m) corridor
coup (m) blow; knock
    coup (m) de feu shot
    coup (m) de main hand,
        assistance
coupe (f) cut
    coupe (f) de cheveux haircut
couper to cut
    couper la parole to interrupt
coupure (f) cut
cour (f) yard
courant (m) current; power
    être au courant to be aware
courge (f) squash
courir to run
course (f) race
    course (f) à pied jogging
    course (f) automobile auto-
        racing
court/e short
couture (f) sewing
couturier (m)/couturière (f)
    clothes designer
craindre to fear
cravate (f) tie
crème (f) glacée ice cream
cretons (mpl) pork paté (French
    Canadian dish)
crevé/e dead tired
crevette (f) shrimp
crier to scream, to shout

crise (f) cardiaque heart attack
croire to believe
cuir (m) leather
cuisine (f) cooking; kitchen
cuisinier (m)/cuisinière (f) cook
cuisinière (f) stove
cuisse (f) thigh
cuit/e done, cooked
cuivré/e bronzed
cyclisme (m) cycling

D

d'abord first
d'ailleurs besides, moreover
dans in
dans le but de with the aim to
danse (f) dancing, dance
danseur (m)/danseuse (f) dancer
d'après according to
datte (f) date
de of, some, any
de crainte de/que for fear that
de façon à so as to
de façon que so that
de manière à so as to
de manière que so that
de peur de from fear of, in fear
    that
de peur que from fear that
de plus in addition to
de sorte que so that, in such a
    way that
de telle façon que in such a way
    that
débit (m) (speech) delivery
déblayer to plow
débrouillard/e resourceful
débrouiller (se) to manage
débutant/e (m/f) beginner
déclencher to release, to start off;
    to trigger
déclencheur (m) launch, start;
    trigger
découvrir to discover
décrire to describe
dedans within
défaut (m) fault
défendre to prohibit
dégoûter to disgust
dégueulasse (fam.) lousy, rotten,
    disgusting
dehors outside
demain tomorrow

démarche (f) gait, walk
démarrer to start off
demi-frère (m) half-brother;
    stepbrother
demi-soeur (f) half-sister;
    stepsister
dénouement (m) ending,
    resolution
dent (f) tooth
dépanneur (m) corner store,
    convenience store
dépasser to exceed
dépêcher (se) to hurry
déplaire to displease
dépotoir (m) garbage dump
déprimé/e depressed
depuis since
dernier/dernière last
déroulement (m) development
dérouler (se) to take place
derrière behind
dès as soon as, from, since
descendre to go down
désespéré/e desperate
désespoir (m) desperation,
    despair
désolé/e sorry
désormais in future, henceforth,
    from now on
desservir la table to clear the
    table
dessin (m) drawing
dessinateur (m)/dessinatrice (f)
    draftperson; illustrator
détendre (se) to uncoil; to rest
détester (se) to hate each other
devant in front of
devenir to become
devoir to owe; to have to
dicton (m) saying
digérer to digest
digne dignified
dinde (f) turkey
dindon (m) turkey
dire to say
directeur (m)/directrice (f)
    director; principal
    directeur (m)/directrice (f)
        adjoint/e vice-principal
disputer (se) to argue
disque (m) compact compact
    disk
disque (m) dur hard drive

distendu/e pulled, strained
divan (m) sofa
divertir to amuse
documentaliste (m/f) researcher
domicile (m) home
donc thus
doré/e golden
dorénavant from now on, henceforth
dormir to sleep
dos (m) back
dossier (m) file
doucement gently
douceur (f) gentleness, softness
doué/e talented
doute (m) doubt
    sans aucun doute certainly
    sans doute possibly
doux/douce gentle, soft
droit (m) right; law
droit/e straight
droite (f) right side
    à droite on the right side
drôle funny
drôlerie (f) drollness
du côté de from the side of
d'une part...d'autre part on the one hand...on the other hand
dur/e hard
durant during

E

eau (f) water
    eau (f) gazeuse soda water
    eau (f) minérale mineral water
    eau (f) plate plain water
ébène (f) ebony
écarlate scarlet
écarter (s') to stray from
échapper to escape
écharpe (f) scarf
écoeurant/e disgusting
écoeurer to make sick
économie (f) domestique home economics
écran (m) screen
écrire to write
écrivain/e (m/f) writer
écurie (f) stable (for horses)
écusson (m) badge
édifice (m) building

effectivement effectively, actually, really
église (f) church
égoïste egotistical, selfish
élan (m) elk
élire to elect
éloigner (s') to move away
emballage (m) package
embaumeur (m)/embaumeuse (f) embalmer
embrasser (s') to kiss
émeraude (f) emerald
emparer (s') to seize
emploi (m) use, job
employé/e (m/f) employee
employer to use
emprunter to borrow
en in; to; by; on; into
en arrière behind
en avant in front
en bas de below
en dedans de inside of
en dehors de outside of
en dépit de despite
en dessous at the bottom
en dessus at the top
en effet in fact, actually, indeed
en face de in front of
en faveur de in favour of, on account of
en forme in shape
en raison de because of
en revanche on the other hand
en somme in summary
encore again
endroit (m) place
énervé/e excited, nervous
énervement (m) nervousness
enfin finally, at last
enjoué/e dynamic
enlever to remove
ennui (m) boredom
ennuyer to bore
ennuyer (s') to be bored
ennuyeux/ennuyeuse boring
enregistrement (m) recording
enregistrer to record, to save
enseignant/e (m/f) teacher
enseigne (f) commerciale sign
ensemble together
ensoleillé/e sunny
ensuite then, next, later
entêtement (m) stubbornness

en-tête (m) header
entorse (f) sprain
entraîneur (m) /entraîneuse (m) trainer, coach
entre between
envers towards
environ about
envisager to consider
envoyer to send
épaule (f) shoulder
épicerie (f) grocery store
épinards (mpl) spinach
épinette (f) spruce tree
éponge (f) sponge
époque (f) time, era
épouser to marry
épousseter to dust
épouvante (f) horror
épuisé/e exhausted
équipe (f) team
équitation (f) horseback riding
érable (m) maple tree
éraflure (f) scratch
ergothérapeute (m/f) occupational therapist
esclave (m/f) slave
escrime (f) fencing
espadrille (f) running shoe
espérer to hope
espoir (m) hope
esprit (m) spirit
essai (m) trial, test; essay
essayer to try
estomac (m) stomach
et and
et puis and then
étable (f) barn, cowshed
étage (m) floor
étagère (f) shelves
étang (m) pond
étant donné que given that
étape (f) step, stage
état (m) state
    état (m) civil civil status
éteindre to extinguish, to turn off
éternuer to sneeze
étoile (f) star
étourdi/e absent-minded; dizzy
être to be
    être au courant to be aware
    être à l'heure to be on time
    être en retard to be late
    être pris/e to be busy

étroit/e narrow
événement (m) event
    suite (f) des événements
      sequence of events
éviter to avoid
évoquer to evoke, to call to mind
excepté si except if
excuser (s') to apologize
expert/e-comptable (m/f)
    chartered accountant
exposé (m) talk
exposition (f) exhibition
extrait (m) extract

F

face à faced with, in the face of
fâché/e angry
fâcher (se) to get angry
façon (f) manner
facteur (m)/factrice (f)
    mailman/mailwoman
facultatif/facultative optional
faible weak
faiblesse (f) weakness
faire to do, to make
    faire du brouillard to be
      foggy
    faire connaissance to meet
    faire du vent to be windy
    faire la mise en page to
      format
    faire orageux to be stormy
    faire semblant to pretend
    faire soleil to be sunny
    s'en faire to worry
falaise (f) cliff
fantasque whimsical
fatigué/e tired
fauteuil (m) armchair
fauve (m) wildcat
fauve tawny, fawn
fenêtre (f) window
fer (m) à repasser clothes iron
fermer to close
fesse (f) buttock
feu (m) fire
    coup (m) de feu shot
feuille (f) sheet
feux (mpl) de circulation traffic
    lights
fiancer (se) to get engaged
fiche (f) index card
fichier (m) file, catalogue

fidèle loyal
fidélité (f) loyalty
fièvre (f) fever
figue (f) fig
fil (m) thread
    perdre le fil to lose the thread
fille (f) daughter
fils (m) son
flétan (m) halibut
fleur (f) flower
fleuriste (m/f) florist
fleuve (m) river
fois (f) time
foncé/e dark
fond (m) bottom, back, far
    end
    bruit (m) de fond
      background noise
fondre to melt
forgeron (m)/forgeronne (f)
    blacksmith
formation (f) personnelle et
    sociale personal and life
    skills
forme (f) shape
    en forme in shape
fort/e strong
fou/folle crazy
foudre (m) lightning
fouillis (m) jumble, muddle
foulard (m) scarf
foulure (f) sprain
four (m) oven
    four (m) à micro-ondes
      microwave oven
fournisseur (m)/fournisseuse (f)
    supplier
frais/fraîche cool
fraise (f) strawberry
framboise (f) raspberry
frappant/e striking
frêne (m) ash tree
fréquenter to frequent, to keep
    company with
frère (m) brother
fringues (fpl) clothes
frite (f) French fry
froid/e cold
fromage (m) cheese
front (m) forehead
fumée (f) smoke
fusée (f) rocket
fusil (m) rifle

G

gagner to win
gant (m) glove
garder to keep
    garder en tête to keep in
      mind
gardien (m)/gardienne (f) guard,
    warden, caretaker
gare (f) train station
    gare (f) routière bus station
gâteau (m) cake
gauche (f) left
gaufre (f) waffle
gazon (m) lawn
    tondre le gazon to mow the
      lawn
gendre (m) son-in-law
gêné/e shy, embarrassed
genou (m) knee
gentil/gentille nice, kind
gentiment nicely
géomètre (m/f) surveyor
gérant/e (m/f) manager/
    manageress
geste (m) gesture
gilet (m) vest
gingembre (m) ginger
glace (f) ice; ice cream
glacial/e icy
golfe (m) gulf
gorge (f) throat
goûter to taste
grâce à thanks to
grand-mère (f) grandmother
grand-père (m) grandfather
grand/e tall
grands-parents (mpl) grandparents
grange (f) barn
graphiste (m/f) graphic designer
gras/grasse fat
gratte-ciel (m) skyscraper
grêle (f) hail
grignoter to nibble at
grille-pain (m) toaster
grippe (f) influenza, cold
gris/e grey
    gris acier steel grey
    gris perle pearl grey
gros/se big, heavy, fat
    en gros roughly, broadly
grotte (f) grotto
guerre (f) war
guillemet (m) quotation mark

H

habile clever
habitant/e (m/f) inhabitant
haïr (se) to hate each other
haltérophilie (f) weightlifting
hanche (f) hip
hangar (m) shed
hareng (m) herring
haricot (m) bean
haut/e high
  de haut in height
hautbois (m) oboe
haut-parleur (m) loudspeaker
hêtre (m) beech tree
heureux/heureuse happy
hier yesterday
homard (m) lobster
horloge (f) clock
hors out of; but
hors de outside of, away from
hôtel (m) de ville city hall
huard (m) loon
huile (f) oil
huissier (m)/huissière (f) bailiff;
  debt collector
huître (f) oyster
humeur (f) mood
  humeur (f) massacrante foul
  mood
hydravion (m) hydroplane
hydroglisseur (m) hydrofoil

I

ici here
île (f) island
imbuvable undrinkable
immangeable inedible
immeuble (m) building
imperméable (m) raincoat
imploration (f) plea
imposer (s') to be essential
imprimer to print
inattendu/e surprising,
  unexpected
inciter to encourage
inconséquent/e thoughtless
inconstant/e fickle
indice (m) sign, indication,
  clue
indigné/e indignant
inébranlable steadfast
infatigable untiring
infect/e vile

infirmerie (f) nurse's office
infirmier (m)/infirmière (f) nurse
informaticien (m)/
  informaticienne (f)
  computer expert
informatique (f) computer
  science
informatisé/e computerized
ingénieur/e (m/f) engineer
inquiet/inquiète worried, anxious
inquiéter (s') to worry
inquiétude (f) anxiety
insensibilité (f) insensitivity
insensible insensitive
insérer to insert
insouciance (f) nonchalance
insouciant/e uncaring, carefree
interdire to forbid
interligne (m) space between
  lines
  à double interligne double-
  spaced
interpeller to call out
interrupteur (m) electrical switch
intrigue (f) plot

J

jacinthe (f) hyacinth
jalousie (f) jealousy
jaloux/jalouse jealous
jamais never
jambe (f) leg
jambon (m) ham
jardin (m) garden; park
  jardin (m) potager vegetable
  garden
  jardin (m) public public park
jardinage (m) gardening
jaune yellow
  jaune citron lemon yellow
  jaune moutarde mustard
  yellow
  jaune safran saffron yellow
jeter to throw
jeu (m) game
joie (f) joy
joindre to join
joint/e joined, attached
jonquille (f) daffodil
joue (f) cheek
jouer to play
jouet (m) toy, game
joujou (m) toy

jour (m) day
joyeux/joyeuse happy, joyous
juge (m/f) judge
jumeau (m)/jumelle (f) twin
jument (f) mare
jupe (f) skirt
jurer to swear
jus (m) juice
  jus (m) de pamplemousse
  grapefruit juice
  jus (m) de pomme apple juice
  jus (m) de raisin grape juice
jusqu'à until
  jusqu'à maintenant until now
jusque until
  jusque-là up to, until then
juste righteous, just, fair

K

karting (m) go-kart racing

L

là there
lac (m) lake
lagune (f) lagoon
laine (f) wool
lait (m) milk
  lait (m) fouetté/frappé milk
  shake
laiterie (f) dairy
laitue (f) lettuce
langue (f) tongue; language
  langue (f) maternelle mother
  tongue
lapin (m) rabbit
large (m) open sea
large wide
lave-linge (m) washing machine
laver to wash
laverie (f) laundromat
laveuse (f) washing machine
lecteur (m) de disques compacts
  CD player
lecture (f) reading
léger/légère light
légèrement lightly
lendemain (m) following day
lentement slowly
lequel/laquelle which (one), who
lessive (f) laundry
lever (se) to get up
librairie (f) bookstore
libre free

lien (m) link, connection
   mot-lien (m) connector word
lier to link
   se lier d'amitié to make
      friends
lieu (m) place
   avoir lieu to take place
   au lieu de instead
lin (m) linen
linge (m) laundry; clothes
lire to read
lis (m) lily
lisse smooth
lit (m) bed
livrer to deliver
localiser to situate
logiciel (m) software
loin far
longtemps for a long time
longueur (f) length
lorsque when
lourd/e heavy
luminaire (m) lamp
lune (f) moon
lunettes (fpl) glasses
lustre (m) ceiling lamp
lutte (f) boxing; fight

M

machiniste (m/f) stage hand,
   machine operator
magasin (m) store
   grand magasin (m)
      department store
magnanime magnanimous
magnétophone (m) tape recorder
magnétoscope (m) video cassette
   recorder
maigre skinny
maillot (m) shirt, jersey
   maillot (m) de bain bathing
      suit
main (f) hand
main-d'oeuvre (f) labour
maintenant now
   jusqu'à maintenant until now
maire (m)/mairesse (f) mayor
mairie (f) city hall
mais but
maïs (m) corn
maison (f) house
   maison (f) en rangée
      townhouse

maître (m)/maîtresse (f) teacher
maître/maîtresse major
maîtrise (f) master's degree
majeur (m) middle finger
mal bad
maladroit/e clumsy, awkward
malchanceux/malchanceuse
   unlucky
malentendant/e hearing impaired
malgré in spite of
malgré que in spite of the fact
   that; although
malgré tout in spite of
   everything; after all
malheureux/malheureuse sad
malhonnête dishonest
malhonnêteté (f) dishonesty
malin/maligne shrewd
manchot (m) penguin
mandarine (f) mandarin orange
manger to eat
manie (f) habit
manier to handle
mannequin (m/f) model
manoeuvre (m/f) labourer
manquer to miss
manteau (m) coat
marais (m) marsh
marchand/e (m/f) merchant
marcher to walk
marguerite (f) daisy
marier (se) to get married
marin (m/f) sailor
maringouin (m) mosquito
marmonner to mumble, to mutter
marron (m) chestnut
marronnier (m) chestnut tree
massacrant/e
   humeur (f) massacrante foul
      mood
matelot (m/f) sailor
maternel/maternelle maternal
   langue (f) maternelle mother
      tongue
matière (f) material; subject
   table (f) des matières table of
      contents
matin (m) morning
maussade sullen, morose, glum
mauvais/e bad
mécanicien (m)/mécanicienne (f)
   mechanic
méchant/e nasty, malicious

médecin (m/f) doctor
méfiant/e mistrustful, suspicious
même even; same
mener to lead
méninges (fpl) brain
   remue-méninges (m)
      brainstorming
menteur (m)/menteuse (f) liar
menthe (f) mint
mentir to lie
menuisier (m)/menuisière (f)
   carpenter
mer (f) sea
mesurer to measure
météorologue (m/f) meteorologist
métier (m) trade
métro (m) subway
mets (m) food
metteur en scène (m)/metteuse en
   scène (f) director
mettre to put
   mettre en relief to accentuate,
      to highlight
   mettre en mémoire to put in
      memory, to save
   mettre la table to set the table
milliard (m) billion
mince thin
mine (f) look, expression
   avoir bonne mine to look well
mise (f) au point adjustment
mitaine (f) mitten
modèle (m) réduit scale model
modiste (m/f) fashion designer
mois (m) month
mollet (m) calf
moniteur (m)/monitrice (f)
   instructor, supervisor
mononucléose (f) mononucleosis
montagne (f) mountain
   montagnes (fpl) russes
      rollercoaster
montée (f) ascent
monteur (m)/monteuse (f) fitter;
   film editor; paste-up artist
montgolfière (f) hot air balloon
montre (f) watch
moquer (se) to make fun
mort (f) death
mort/e dead
   temps (m) mort slack period,
      lull
morue (f) cod

mot (m) word
    mot-clé (m) key word
    mot-lien (m) connector word
motif (m) design, pattern
motocyclette (f) motorcycle
motoneige (f) snowmobile
mou/molle soft
mouchoir (m) handkerchief
moufle (f) mitten
moule (f) mussel
mourir to die
moutarde (f) mustard
mouton (m) sheep
muet/muette mute, silent
muguet (m) lily of the valley
mûr/e mature
musclé/e muscular
musée (m) museum
mutité (f) muteness
myope myopic, short-sighted
myopie (f) myopia, short-
    sightedness

N

nacré/e pearly
nager to swim
naissance (f) birth
naître to be born
natation (f) swimming
naturopraticien (m)/naturo-
    praticienne (f) naturopath
navet (m) turnip
néanmoins nevertheless, yet
neige (f) snow
nénuphar (m) water lily
nerveux/nerveuse nervous
nervosité (f) nervousness
nettoyage (m) clean-up
nettoyer to clean
neveu (m) nephew
nez (m) nose
ni neither, nor
nièce (f) niece
n'importe quel any
niveau (m) level
noeud (m) papillon bow tie
noir/e black
noisette (f) hazelnut
noix (f) nut
notaire (m/f) notary
nouille (f) noodle; idiot
    nouilles (fpl) pasta
nourrissant/e nourishing

nourriture (f) food
nouveau/nouvelle new
noyer (m) walnut tree
nuage (m) cloud
nuageux/nuageuse cloudy
nuit (f) night
nul/nulle hopeless; nil; no one
nullement not at all, not in the
    least
numéroter to number
nuque (f) nape of neck

O

observateur/observatrice
    observant
obstiné/e obstinate
obtenir to obtain
occasion (f) occasion,
    opportunity
    d'occasion secondhand
oeil (m) eye
oeillet (m) carnation
oeuf (m) egg
    à la coque soft-boiled egg
    brouillé scrambled egg
    poché poached egg
    sur le plat fried egg
oeuvre (f) work
offrir to offer
oignon (m) onion
oncle (m) uncle
opérateur (m)/opératrice (f) sur
    ordinateur data-entry
    clerk
or (m) gold
or when in fact, whereas
orage (m) thunderstorm
ordinateur (m) computer
ordures (fpl) garbage
oreille (f) ear
oreillons (mpl) mumps
orfèvre (m/f) goldsmith
orge (f) barley
orgue (m) organ
orgueilleux/orgueilleuse proud,
    arrogant
orienteur (m)/orienteuse (f)
    career adviser
orme (m) elm tree
orteil (m) toe
orthographe (f) spelling
os (m) bone
ou or

où where
ou alors or in that case
ou au contraire or on the
    contrary
ou bien...ou bien either...or (else)
ou...ou either...or
ours (m) bear
outarde (f) Canada goose
outre as well as, besides
ouvrier (m)/ouvrière (f) labourer
ouvrir to open

P

pain (m) bread
palais (m) palace
palmier (m) palm tree
panneau (m) d'affichage
    billboard
pantalon (m) pants
pantoufle (f) slipper
par by
par conséquent consequently
par contre on the other hand
par exemple for example
par la suite afterwards,
    subsequently
par rapport à in relation to
par suite de as a result of
par-dessous under(neath)
par-dessus over (the top of)
paralysie (f) paralysis
parapluie (m) umbrella
parce que because
parcomètre (m) parking meter
paresseux/paresseuse lazy
parfois sometimes
parmi among
parole (f) word
    couper la parole to interrupt
parroissial/e parish-related
    salle (f) paroissiale parish hall
partager to share
partir to leave
partout everywhere
parvenir to reach; to succeed
pas (m) step
pas du tout not at all
passage (m) pour piétons
    crosswalk, path
passer to pass; to spend
    passer l'aspirateur to vacuum
passionné/e passionate
pastèque (f) watermelon

patin (m) skate
  patin (m) à roues alignées
    roller blading
  patin (m) à roulettes roller
    skating
patinage (m) skating
  patinage (m) artistique figure
    skating
  patinage (m) de vitesse speed
    skating
patinoire (f) skating rink
pâtisserie (f) pastry shop
patte (f) foot; paw
pâturage (m) pasture
payer to pay for
paysage (m) landscape
paysagiste (m/f) landscape
    gardener
peau (f) skin
  dans la peau d'un personnage
    into the part
pêche (f) peach
peindre to paint
peine (f) sorrow
peintre (m/f) painter
peinture (f) painting
pelle (f) shovel
  pelle (f) à neige snow shovel
  pelle (f) à ordures dustpan
pelleter to plow, to shovel
pelouse (f) lawn
  tondre la pelouse to mow the
    lawn
pendant during
  pendant ce temps during this
    time, meanwhile
pensée (f) pansy
perdre to lose
  perdre le fil to lose the thread
permettre to permit
perplexe confused
perplexité (f) confusion
persévérant/e perservering
personnage (m) character
personne no one
perspicace clear-sighted
peser to weigh
petit/e short, small
petit-enfant (m) grandchild
petit-fils (m) grandson
petite-fille (f) granddaughter
pétoncle (m) scallop
pétrir to shape, to knead

peu little
peuple (m) people
peuplier (m) poplar tree
peur (f) fear
  avoir peur to be afraid
peureux/peureuse fearful
peut-être perhaps, maybe
pharmacien (m)/pharmacienne (f)
    pharmacist
photographe (m/f) photographer
phrase (f) sentence
physique (f) physics
pic (m) peak
pièce (f) play; room
pied (m) foot
  pied (m) de page footer
pierre (f stone
piéton (m) pedestrian
piment (m) pimento; (hot)
    pepper
pin (m) pine tree
piquer to arouse; to prick
piscine (f) swimming pool
piste (f) cyclable bike path
pivert (m) woodpecker
pivoine (f) peony
placard (m) cupboard
plafonnier (m) ceiling lamp
plage (f) beach
plaire to please
planche (f) board
  planche (f) à neige
    snowboarding
  planche (f) à roulettes
    skateboarding
  planche (f) à voile
    sailboarding
planète (f) planet
planeur (m) glider
pleurer to cry
pleuvoir to rain
plombier (m)/plombière (f)
    plumber
plongeon (m) diving
pluie (f) rain
plume (f) feather
plus more
plusieurs several
pneu (m) tire
pneumonie (f) pneumonia
poignet (m) wrist
point (m) period, point
  à point medium

poire (f) pear
poirier (m) pear tree
pois (m) pea
  à pois polka-dot
poisson (m) fish
  poisson (m) rouge goldfish
poissonnerie (f) fish shop
poitrine (f) chest
poivre (m) pepper
poivron (m) green pepper
poli/e polite
policier (m)/policière (f) police
    officer
poliment politely
pomme (f) apple
pomme (f) de terre potato
  au four baked potato
  bouillie/à l'eau boiled potato
  en purée mashed potato
pommier (m) apple tree
pompier (m)/pompière (f)
    fireman/firewoman
porcherie (f) pigsty
porte (f) door
porte-ordures (m) dustpan
porte-poussières (m) dustpan
portefeuille (m) wallet
porter to carry
porter (se) to be, to feel
poser to place
  poser une question to ask a
    question
poste (m) d'incendie fire station
poteau (m) post
poterie (f) pottery
pou (m) louse
poubelle (f) garbage can
pouce (m) inch; thumb
pouding (m) pudding
poulailler (m) henhouse
poulain (m) foal
poule (f) hen
poulet (m) chicken
pouliche (f) filly
poumon (m) lung
pour for
pourpre purple
pour que for, so that
pourquoi why
poursuivre to pursue
pourtant yet, even so, nevertheless
pourvu que provided that, so
    long as

pouvoir to be able to
pratiquer to practise
précisément precisely
prendre to take
près near
presbyte far-sighted
presbytie (f) far-sightedness
presque almost
prêter to loan
    prêter serment to swear on oath
preuve (f) proof
prévisible predictable
prévoir to anticipate
pris/e busy, taken
prise (f) de courant electrical
    socket
probablement probably
prochain/e near, next
proche near
procureur/e (m/f) prosecutor
professeur/e (m/f) teacher
proie (f) prey
promenade (f) drive
promettre to promise
promoteur (m)/promotrice (f)
    promoter
prune (f) plum
puer to stink
puis then, next
puisque since; because

Q

quand when
quand bien même even though
quant à as far, as to, regarding
quarantaine (f) 40-something
quartier (m) quarter, district,
    neighbourhood
quel/le which
querelle (f) quarrel, fight
question (f) question
    il n'en est pas question no way
qui who, whose
quilles (fpl) bowling
quincaillerie (f) hardware store
quitter to leave
quitter (se) to leave each other
quoi what
quoique although

R

radis (m) radish
ragoût (m) stew

raide straight
raisin (m) grape
rangée (f) row
ranger to tidy
rapidement quickly
rappel (m) reminder
rappeler to remind
rattraper to catch
ravage (m) devastation
ravageur/ravageuse devastating
rayure (f) stripe
rebelle rebellious
recevoir to receive
récif (m) reef
récit (m) story, narrative
réconcilier (se) to be reconciled,
    to make up
reconnaître to recognize
rédacteur (m)/rédactrice (f) editor
redouter to dread
réfléchi/e thoughtful
réfléchir to reflect
réfuter to refute, to disprove
régler to regulate; to settle
rein (m) kidney
remerciement (m)
    acknowledgement, thanks
remercier to thank
remettre to put back, to give
    back
remuer to stir up
    remue-méninges (m)
    brainstorming
rencontre (f) meeting
rencontrer (se) to meet each
    other
rencontrer to meet, to encounter
rendez-vous (m) appointment
rendre to give back
renforcement (m) strengthening
renouveler to renew
renseigner to inform
renseigner (se) to get information
réparer to mend, to repair, to fix
repasser to iron
répondeur (m) téléphonique
    telephone answering
    machine
reposer to rest
reprendre to pick up
représentant/e des ventes (m/f)
    sales representative
reprise (f) repeat

répugner to repel, to disgust
réseau (m) network
réserve (f) discretion
résolu/e resolute; resolved
résoudre to solve
respectueux/respectueuse
    respectful
respirer to breathe
resplendissant/e radiant
ressembler (se) to resemble each
    other
ressentir to feel
ressort (m) spring
résumé (m) summary
résumer to summarize
rétablissement (m) recovery
réunion (f) meeting
réunir (se) to get together
réussir to succeed
réverbère (m) street light
réviser to edit, to revise
réviseur/e (m/f) editor
revoir to meet/see again
révolté/e rebellious
rhume (m) cold
rien nothing
rire to laugh
rivière (f) river
robe (f) dress
    robe (f) de chambre dressing
    gown
roche (f) rock
rocher (m) boulder, rock
roi (m) king
rose pink
rouge red
    rouge cerise cherry red
    rouge fraise strawberry red
    rouge sang blood red
rougeole (f) measles
route (f) road
roux/rousse red
rubis (m) ruby
rue (f) street
rugueux/rugueuse rough
ruisseau (m) stream
rusé/e sly

S

sable (m) sand
sac (m) bag
    sac (m) à main purse
sacoche (f) pouch, purse

saignant/e rare (meat); bloody
sale dirty
salle (f) room
    salle (f) à **manger** dining
      room
    salle (f) de **bains** bathroom
    salle (f) de **jeux** recreation
      room
    salle (f) de **lavage** laundry
      room
salon (m) living room
salon (m) de **coiffure** hairdresser's
salopette (f) overalls
sans without
santé (f) health
  en santé healthy
sapin (m) fir tree
saucisse (f) sausage
saucisson (m) sausage
sauf except
saule (m) willow tree
saumon (m) salmon
sauver (se) to escape
savoir to know
saynète (f) skit
scientifique (m/f) scientist
seau (m) bucket
sec/sèche dry
sécheuse (f) clothes dryer
seigle (m) rye
séjour (m) stay
sel (m) salt
selon according to
semaine (f) week
semblant (m) semblance
  faire semblant to pretend
sensé/e sensible
sensibilité (f) sensitivity
sensible sensitive
sentiment (m) feeling
sentir to feel; to smell
sentir (se) to feel
sérieux (m) seriousness
sérieux/sérieuse serious
serre (f) greenhouse
servir to serve; to be used
servir (se) to make use; to help
    oneself
si bien que so that
si if
sida (m) Aids
sirop (m) syrup
ski (m) **alpin** downhill skiing

ski (m) **de fond** cross-country
    skiing
ski (m) **nautique** water-skiing
soeur (f) sister
soie (f) silk
soigner (se) to take care of
    oneself
soir (m) evening
soit...soit or...or, whether...or
soldat/e (m/f) soldier
soleil (m) sun
sombre gloomy, dark
sommeil (m) sleep
sonner to ring
sortir to leave; to take out
soudain suddenly
souffrir to suffer
souhait (m) wish
soulier (m) shoe
souligner to underline
soupe (f) **aux légumes** vegetable
    soup
souple flexible
souplesse (f) flexibility
sourcil (m) eyebrow
sourd/e deaf
souris (f) mouse
sous under
sous-marin (m) submarine
sous prétexte que under the
    pretext that, on the
    pretense that
sous-sol (m) basement
sous-titre (m) subtitle
sous-vêtement (m) undergarment
soutien-gorge (m) bra
souvenir (se) to remember
souvent often
spectacle (m) concert, show
squelettique skeletal, skinny
stade (m) stadium
station-service (f) gas station,
    service station
stationnement (m) parking lot
strophe (f) stanza
suite (f) sequence, series
  suite (f) **des événements**
    sequence of events
suivant/e following
suivre to follow
supermarché (m) supermarket
superviseur/e (m/f) supervisor
sur on

surdité (f) deafness
surintendant/e (m/f)
    superintendant
surlendemain (m) two days later
surligneur (m) highlighter
survêtement (m) tracksuit,
    outergarment
survivant/e (m/f) survivor
sympathique friendly, nice
synthétiseur (m) synthesizer

T

table (f) chart
    table (f) **des matières** table of
      contents
tableau (m) chart; painting; scene
tâche (f) task
taciturne silent
taille (f) waist
tailleur (m) suit (for women)
tailleur (m)/**tailleuse** (f) tailor
taire (se) to be quiet
talentueux/talentueuse talented
talon (m) heel
tambour (m) drum
tandis que while, whereas
tante (f) aunt
tantôt shortly, in a little while;
    sometimes
taper to knock, to hit
  taper les doigts to drum
    one's fingers
tard late
tarte (f) pie
taudis (m) slum
taureau (m) bull
teint (m) complexion
teinturerie (f) dry cleaner
téléviseur (m) television set
tellement so, so much
témoignage (m) account,
    testimony
tempête (f) storm
temps (m) time; weather
  temps (m) **mort** slack period
tendre gentle, tender
tenir to hold
tenter to tempt
terrain (m) playing field, field
terre (f) ground; land; soil; earth
  par terre on the floor
tête (f) head
  garder en tête to keep in mind

têtu/e stubborn
thé (m) tea
thon (m) tuna
tilleul (m) lime tree
timbale (f) timpani
timbre (m) stamp
tipi (m) teepee
tir (m) à l'arc archery
tissu (m) fabric
titre (m) title
toile (f) web
tomber to fall
ton (m) tone
tondre to mow, to cut
   tondre le gazon to mow the
     lawn
   tondre la pelouse to mow the
     lawn
tort (m) fault
   avoir tort to be wrong
tôt early
toujours always
tour (f) tower
   tour (f) d'habitation highrise
     apartment building
tournant (m) turning point, turn
tourne-disque (m) turntable
tourtière (f) meat pie
tousser to cough
tout/e all
tout à coup suddenly
tout de suite right away
toutefois however
traducteur (m)/traductrice (f)
   translator
traduire to translate
traiteur (m)/traiteuse (f) caterer
tram (m) streetcar
transmettre to send, to pass on,
   to convey
travailleur social (m)/travailleuse
   sociale (f) social worker
traversier (m) ferry boat
tremble (m) aspen
tremblement (m) shaking
   tremblement (m) de terre
     earthquake
très very
tresse (f) braid
tressé/e braided
tribunal (m) courthouse
triste sad
tristesse (f) sadness

trop too much, too many
trottoir (m) sidewalk
trou (m) hole
truc (m) trick
truie (f) sow
truite (f) trout
tuer to kill
tutoiement (m) use of the
   familiar 'tu'
tutoyer to use the familiar 'tu'
tuyau (m) pipe

V
vache (f) cow
vadrouille (f) mop
vague (f) wave
vaisseau (m) spatial spaceship
vaisselle (f) dishes
   faire la vaisselle to wash
     dishes
valise (f) suitcase
vallée (f) valley
vaniteux/vaniteuse vain
variole (f) smallpox
veau (m) calf; veal
vécu/e lived
véhicule (m) tout-terrain all-
   terrain vehicle
veille (f) day before
venir to come
vent (m) wind
ventre (m) stomach, belly, tummy
verger (m) orchard
verglas (m) black ice, freezing
   rain
vérité (f) truth
verre (m) glass
   verre (m) de contact contact
     lens
vers (m) verse
vers toward
vert/e green
   vert bouteille bottle green
   vert limette lime green
   vert olive olive green
   vert pomme apple green
vestibule (m) entry hall
veston (m) jacket
vêtement (m) article of clothing
vétérinaire (m/f) veterinarian
viande (f) meat
vide empty
vie (f) life

vieillard (m) old man
vieux/vieille old
vif/vive lively
ville (f) city
vin (m) wine
vinaigre (m) vinegar
violoncelle (m) cello
vis-à-vis de opposite; next to;
   towards; with
visage (m) face
vite fast
vitesse (f) speed
vitre (f) pane of glass
vivant/e lively
vivre to live
voici here is/are
voilà there is/are
voilà pourquoi this is why
voile (f) sailing
voir to see
voir (se) to see each other
voix (f) voice
volcan (m) volcano
voler to fly
voleur (m) thief
volontiers willingly, with
   pleasure
vouloir to want
vouvoiement (m) use of the
   polite 'vous'
vouvoyer to use the polite 'vous'
voyou (m) hoodlum
vrai/e true
vraiment truly, really
vraisemblablement probably
vu que seeing that, in view of the
   fact that

Y
yaourt (m) yogurt